Die Stadt kocht

Florian Bolk
Eva-Maria Hilker

Das Berlin-Kochbuch

Le Schicken Verlag

Danke Berlin
Wir bedanken uns bei den Berliner Köchen,
Sommeliers und Restaurantmachern,
die auf Dächer geklettert und
in Unterwelten abgestiegen sind.
Bei allen Foodies, Kulinaristen
und Produzenten, die sich leidenschaftlich
für das Beste auf dem Teller engagieren.

Impressum:
Copyright © 2012 by
Le Schicken Verlag, Berlin
www.le-schicken.de

Das Berlin-Kochbuch
von Florian Bolk und Eva-Maria Hilker

Konzeption und Projektleitung:
Florian Bolk, Le Schicken Verlag.
Michael Frühbis, Vimonda GmbH

Fotografie: Florian Bolk

Redaktion: Eva-Maria Hilker (www.hilker-berlin.de)
Florian Bolk, Christian Piterek

Art Direktion: Michael Frühbis, Thomas Standhaft
Grafik: Mechthild Striefler
Bildbearbeitung: André Wagenzik
Produktion: Vimonda GmbH

Titelfoto: Florian Bolk, Stefan Hartmann in Kreuzberg
Druck und Bindung: Sachsendruck Plauen GmbH

Bildnachweis Wettbewerb: Christian Dammert,
David Pujado, Christian Knops (Umschlag Innenseite)

Inhalt

Was es ist? Warum jetzt? Und von wem?

Es ist ein Kochbuch – aber auch ein Reiseführer. Nehmen Sie die kulinarische Spur auf! Halten Sie die Nase in den Wind und schnuppern Sie den Duft der verschiedenen Kulturen und ihrer Küche. Nehmen Sie den Geruch auf von einer Stadt, die zwischen Improvisation und stabilem Wachstum schwankt. Und machen Sie die Augen auf – entdecken Sie die sinnliche Vielschichtigkeit der Hauptstadtküche.

Dieses Buch ist auch eine Momentaufnahme Berlins, der Stadt, in der es die aufregendste und innovativste Küche gibt. Die Stadt kocht – das ist wortwörtlich zu verstehen. Denn wie im Zeitraffer hat sich eine zweckmäßige Kochkunst innerhalb kürzester Zeit zu einer Küche gemausert, die internationale Vergleiche nicht fürchten muss. Heute nicht mehr! Berlin hat etwas aus seiner historischen Einmaligkeit gemacht. Sei es die Bandbreite der Küchenrichtungen, die Vielschichtigkeit der hohen Kochkunst, seien es die Einflüsse aus West- wie Osteuropa, aus der neuen und alten Welt. In Berlin ist alles zu finden und zu schmecken. Es ist fast körperlich spürbar: der ständige Umbruch, der Rhythmus der Neugründungen, das Feilen der alten Hasen an noch exquisiteren Speisen – und der Rhythmus wird immer schneller. Einige laufen hinterher, laufen mit, andere voraus.

Und wir? Wir sind immer dabei und wir genießen diese Stadt. Florian Bolk ist einer der ausdauerndsten Beobachter nicht nur von Berliner Kochkünstlern. Seit 15 Jahren beobachtet er die Szene mit seiner Linse. Mit einer Sensibilität für das Wesentliche schafft er immer wieder einmalige Inszenierungen von Speisen. Manchmal sind seine Fotos Kunstwerke, die kartografisch präzise das Niveau der jeweiligen Kochkunst einfangen. Er besitzt viel Empathie für die oft dünnhäutigen Köche, die sich mit ihrer Kreativität am Herd austoben, und fängt sie bildlich ein.

Eva-Maria Hilker ist, was die Ausdauer betrifft, ähnlich lange in Sachen Genuss und Gastronomie in Berlin unterwegs. Als erfahrene Journalistin mit den Schwerpunkten Lifestyle, Food und Gastronomie kennt und schätzt sie die Berliner Haute Cuisine seit vielen Jahren. Außerdem ist sie immer unterwegs, um Neues und Abseitiges aufzuspüren, und vor allem, um in dieser Stadt die Bruchstellen und Kontraste zu finden, die schon bald gesellschaftsfähig sein werden.

Der Kiez kocht

Eigenwillig, beständig, willensstark.

Hauptstadt und Dorf zugleich, das ist der Kiez in Berlin. Wer hier leben und arbeiten will, der muss Widersprüche ertragen, ja schätzen lernen. Es existieren verschiedene Kulturen neben- und miteinander, verschiedene Küchen mit ihren Gerichten, die schmecken sollen wie zu Hause. Berliner Küche? Endlich gibt es sie, und sie ist Stabilität, bei der ständigen Erneuerung der Stadt.

Die Köche der Heimatküche sind taffe Jungs, alte Hasen und stabile Größen. Sie sind Entdecker und Netzwerker nicht nur in ihrer Nachbarschaft, sie gehen raus aufs Land nach Brandenburg und finden beste heimische Produkte. Daraus kreieren sie Berliner Küche in dem Bewusstsein, dass sie die Kochkultur der Bundesrepublik vertreten. Deutsche Küche wird durch sie zeitgemäß.

Sie kochen im Tempo der Hauptstadt, sie kochen für alle Welt, sie kochen für den Kiez, sie kochen Alltagskultur.

Kein öffentliches Eigentum

TREFFPUNKT SCHNEEWEISS – DUNJA HAYALI KOMMT NACH GETANER ARBEIT, FÜR UNS IST ES DER ERSTE TERMIN AN DIESEM MORGEN. HAYALI HAT IHRE MODERATION IM ZDF-MORGENMAGAZIN HINTER SICH UND EIN WIENER SCHNITZEL VOR SICH

Sie möchte auf gar keinen Fall einen Aufriss machen, aber jetzt um 11 Uhr hat sie ausnahmsweise mal Hunger auf ein Wiener Schnitzel und nicht auf eine gute Brotzeit. Das Schnitzel bekommt sie auch. Denn als Stammgast und Freundin des Hauses Schneeweiß kann ihr keiner etwas abschlagen. Dunja Hayali gehört beinahe zum Team, es ist ein geradezu familiäres Verhältnis. „Sie geht manchmal auf Gäste direkt zu und fragt, was sie denn da auf dem Teller haben und wie es denn schmeckt." Schneeweiß-Geschäftsführer Denis Ranogajec beobachtet diese Offenheit und Neugier gerade am Wochenende beim Frühstück. „Ich gehe gerne mit Freunden frühstücken", sagt die Fernsehmoderatorin, „und die haben dann tatsächlich um 11 Uhr auch schon Hunger auf etwas Warmes!" Das Brunchbuffet im Schneeweiß löst derartige Interessenskonflikte, weil es neben klassischen Frühstückszutaten auch warmes Essen der alpenländischen Küche wie Weißwürste, Leberkäse, Gulasch und Knödel gibt.

Vor allen Dingen die Gläschen haben es Hayali angetan. Denn egal ob Eier- oder Käsesalat, in diesen Behältnissen bleibt alles frisch. Das „Gewohnheitstier", wie sich die Moderatorin selbst bezeichnet, hat ihre festen gastronomischen Anlaufstellen in Berlin. Neben dem Schneeweiß besucht sie die Bar Raval in Kreuzberg, den Salon Schmöck und Kater Holzig regelmäßig. Aber sie zieht auch gerne um die Häuser, von Kneipe zu Bar und wieder zur nächsten Kneipe. „Ein Grund, warum ich meinen Kiez sehr schätze: Am Schlesischen Tor kann ich 24 Stunden lang essen, was immer ich will."

Ebenso treu wie ihren gastronomischen Adressen und ihrem Kiez Kreuzberg ist sie der Stadt New York, die sie jährlich besucht. Im November 2012 war sie zudem beruflich vor Ort und berichtete vom Wahlkampf. Über den Enthusiasmus der New Yorker hätte sie sich gewundert, bis zu acht Stunden lang hätten sie den Wahlkampf beim Public Viewing verfolgt. „Man stelle sich das mal in der Bundesrepublik vor!?"

Und noch ein Unterschied ist ihr aufgefallen: Sie hat ein Foto geschossen, auf dem fünf Personen, jede mit einem anderen Migrationshintergrund, auf einer Bank gemeinsam Mittagessen. „Das gibt es hier in der Bundesrepublik mit dieser Selbstverständlichkeit nicht. Das wird noch ein paar Jahre dauern."

Selbstverständliche und normale Umgangsformen schätzt sie auch in ihrem Privatleben. In ihrem Kreuzberger Kiez gelingt das meist, wo sie selten angesprochen wird und kaum jemand sie besonders aufmerksam wahrnimmt. Unter den Linden ist das anders. Da erkennt man sie als Moderatorin des ZDF-Morgenmagazins und reagiert auf sie. Doch Dunja Hayalis Prinzip heißt: „Ich bin kein öffentliches Eigentum, ich gehöre mir."

Dunja Hayali
Journalistin

Kiezgröße von internationaler Bedeutung

Markus Herbicht macht aus regionalen Produkten große Kiezküche

Der Mann ist bekannt für seine Begeisterungsfähigkeit, und er war in Berlin einer der Vorreiter bei der Entdeckung regionaler Produkte. Markus Herbicht ist ein Phänomen. Denn auch das Catering hatte es ihm schon zu Beginn seiner Ausbildung im Hilton angetan. Er bekommt geradezu leuchtende Augen, wenn er von Großveranstaltungen mit 1.500 bis 2.500 Gästen berichtet.

Sein Weg nach Berlin führte ihn durch die Sterneküche des Johann Lafer und die von Rolf Schmidt, dann ging es zu Gerd Käfer, den damaligen Chef des Münchner Traditions-Unternehmens. Er kochte für die Königsfamilie in Thailand und war Küchenchef eines Fünf-Sterne-Hotels. In Andalusien arbeitete er im Kempiniksi Hotel Marbella, wo er zum kreativsten Koch ausgezeichnet wurde. In Berlin hatte Herbicht seinen Durchbruch im Radisson SAS, wo er zudem mit 25 Jahren als jüngster Küchenchef eine Auszeichnung erhielt.

Heute ist er unter anderem für die Küche im Ö verantwortlich. Und es ist fast jeden Abend ausgebucht. Das liegt sicher auch an den Pflastersteinen, Tartar aus Lachs, Kalb und Rind, eine Anspielung an Kreuzbergs wildere Zeiten. Oder an der Lammschulter, einem Frischlings-Braten für Zwei, der mit allen möglichen Zutaten serviert wird. Markus Herbicht ist der Romantiker der regionalen Küche und ein Produktfanatiker. Er kann über jedes Gemüse, jeden Hirsch, jedes Rind oder über jeden Gockel eine Geschichte erzählen.

Restaurant Ø

Markus Herbicht

BEELITZER LANDGOCKEL MIT ZITRONE UND UCKERMÄRKER PAPIOTTE GEMÜSE

Rezept für 4 Personen

Landgockel

1	Freilandpoularde, ca. 1,8 kg
2	Stängel Blattpetersilie
5	geschälte Knoblauchzehen
2	geschälte Schalotten
80 g	Butter
1 TL	Paprikapulver, edelsüß
	Salz, weißer Pfeffer aus der Mühle

Gemüse

4	Ur-Karotten
4	Petersilienwurzeln
2	Strauchtomaten
½	Hokkaidokürbis, ca. 600 g
4	Schalotten
12	kleine Bio-Kartoffeln, Linda
2	Knollen junger Knoblauch
2	Bio-Zitronen
1 TL	brauner Zucker
	Salz, Pfeffer aus der Mühle

4 EL	grob geschnittener Kerbel
100 g	Butter

Zubereitung

Die Freilandpoularde sorgfältig trocken tupfen. Innen und außen mit Salz und Pfeffer würzen. Schalotten, Petersilienstängel und die Knoblauchzehen grob zerschneiden und mit dem Paprikapulver und der Butter in die Bauchhöhle stecken. Die Freilandpoularde in einen Bräter – darin sollte ½ cm hoch Geflügelbrühe stehen – geben und bei 160 °C für ca. 45 Minuten in den vorgeheizten Backofen schieben. Dabei immer wieder mit der Geflügelbrühe übergießen. Ur-Karotten und die Petersilienwurzeln schälen, halbieren und in ca. 6 bis 8 cm lange Stücke schneiden. Schalotten schälen und längs halbieren. Kartoffeln waschen und längs halbieren. Hokkaidokürbis waschen, das Kerngehäuse entfernen und in grobe Stücke schneiden. Die Knoblauchknollen und die Zitronen halbieren. Nun ein Backblech mit Backpapier auslegen. Die Gemüse bunt auf dem Blech verteilen. Mit Salz, Pfeffer und braunem Zucker würzen und für 25 bis 30 Minuten zu der Freilandpoularde in den Backofen schieben.

Anrichten

Das Gemüse mit dem Backpapier auf eine große Holzplatte legen, die Freilandpoularde dekorativ auf dem Gemüse anrichten. Die Butter in einer Pfanne schmelzen, Kerbel und die Geflügelbrühe vom Bräter hinzufügen, mit Salz und Pfeffer nachwürzen und über die Freilandpoularde und das Gemüse gießen.

FÜRSTENBERGER DAMHIRSCH-RÜCKEN MIT GERÜHRTER POLENTA UND HIMBEER-PFEFFER-SAUCE

Rezept für 4 Personen

Damhirsch-Rücken

4 Stück Damhirsch-Rücken
(à 140 g)
50 g Butter
2 EL Olivenöl
1 Knoblauchzehe
Fleur de Sel
gestoßener
schwarzer Pfeffer
50 g Butter
2 Wacholderbeeren
1 Lorbeerblatt

Himbeer-Pfeffer-Sauce

300 ml Wildsauce
120 g Himbeeren
20 g Butter
2 cl Cognac
2 EL grüner Pfeffer
1 EL feine Schalottenwürfel
20 g Bitter-Kuvertüre 80 %
1 Msp. geriebene Orangenschale

Polenta

80 g Maisgrieß
¼ l Milch
¼ l Geflügelfond
50 g Butter
40 g junger Bergkäse,
gerieben
Salz, weißer Pfeffer aus
der Mühle

Damhirsch-Rücken

Damhirsch-Rücken mit Fleur de Sel und Pfeffer würzen. In einer Pfanne Butter, Knoblauch und Olivenöl erhitzen. Die Rücken von beiden Seiten kurz darin anbraten und mit der Pfanne für 30 Minuten in den vorgeheizten bei 80 °C Backofen schieben. Nach 15 Minuten die Rücken wenden.

Polenta

In einem Topf Milch und Geflügelbrühe zum Kochen bringen. Mit Salz und Pfeffer würzen. Den Maisgrieß einrieseln lassen und unter ständigem Rühren 15 Minuten quellen lassen. Nun die Butter und den Bergkäse unterrühren und warm stellen.

Sauce

In einem Topf die Butter schmelzen, grünen Pfeffer und Schalottenwürfel darin andünsten, mit dem Cognac ablöschen. Nun die Wildsauce hinzufügen, einmal aufkochen lassen und vom Herd nehmen. Bitter-Kuvertüre und Orangenschale unter die Sauce rühren. Die Himbeeren vorsichtig in die Sauce legen.

Anrichten

Damhirsch-Rücken aus dem Ofen nehmen. In einer Pfanne Butter, Lorbeerblatt und Wacholderbeeren erhitzen. Die Damhirsch-Rücken nochmal kurz darin nachbraten, für 3 Minuten ruhen lassen und längs halbieren. Auf vier Tellern die Polenta dekorativ anrichten. Jeweils einen Damwild-Rücken dazugeben mit der Himbeer- Pfeffer-Sauce nappieren und heiß servieren.

Unter Strom

Küchenchef Matthias Gleiß gibt deutscher Küche einen neuen Kick

Er ist ein mutiger und humorvoller Mann. Matthias Gleiß legte einen Neustart am alten Ort hin. Er hatte schon mal im Kreuzberger Umspannwerk gekocht und kocht jetzt wieder dort – wenn auch unter anderen Vorzeichen. Das Restaurant heißt VOLT – ein Hinweis auf die Philosophie des Hauses. Es geht am Paul-Lincke-Ufer um das Wesentliche, kein großes Brimborium, kein Schischi. Der erfahrene Koch Gleiß, der früher mit Kurt Jäger zusammengearbeitet hat, erinnert sich an klassische deutsche Küche, legt Wert auf regionale Produkte, kombiniert die Zutaten zu einem harmonischen Gericht, bindet etwas Neues, Aufregendes oder Ungewöhnliches mit ein, und schon ist eine zeitgemäße deutsche Küche entworfen. Und die hat mittlerweile einen internationalen Bekanntheitsgrad erreicht.

Matthias Gleiß
Restaurant VOLT

54° FORELLE MIT SPINATSALAT, ERBSEN UND FROZEN YOGURT

Rezept für 4 Personen

54°C Forelle

  1 Forelle, frisch, ausgenommen
    ca. 800–1200 g
  6 Blätter Basilikum
    Olivenöl zum Bepinseln
    des Fisches, Salz

Erbsenpüree

    1 Schalotte, geschält und
      gewürfelt
300 g grüne TK Erbsen
  1 EL Sahne
    5 Minzblätter
 20 g Butter
      Salz, Zucker
      Weißer Pfeffer
100 ml Geflügel- oder
      Gemüsefond

Erbsen Panna Cotta

250 g Erbsenpüree
100 ml Gemüsefond
   3 Blatt Gelatine

Joghurtsorbet

150 ml Milch
 90 ml Sahne
  50 g Glucosesiruppulver
140 g Zucker
  25 g Joghurtpulver
550 g Joghurt 3,5%
    1 Abrieb Bio-Zitrone
    1 Abrieb Bio-Limette

Spinatsalat

500 g Jungen Spinatsalat,
      gewaschen, geputzt,
      trocken geschleudert
    1 mittelgroße Schalotte,
      feine Würfel
 50 ml Macadamianussöl
 50 g Butter
      Salz, weißer Pfeffer
      aus der Mühle

Forelle

Forelle filieren, Gräten ziehen und Haut entfernen. Das Forellenfilet auf Frischhaltefolie legen. Die Filets von beiden Seiten mit Olivenöl einpinseln, leicht salzen und mit Basilikumblättern belegen. In Frischhaltefolie einschlagen. Bei 54°C ca. 20–25 Min garen, bis der gewünschte Garpunkt erreicht ist. Erkalten lassen und portionieren.

Erbsenpüree

Butter in einem Topf erhitzen, Schalotte und Erbsen darin andünsten, Fond dazugeben, im geschlossenen Topf aufkochen und 5 Min. garen. Sahne und Minzblättchen zu den Erbsen geben und aufkochen. Alles im Standmixer fein pürieren, nochmals passieren und abschmecken.

Erbsen Panna Cotta

Die Gelatine einweichen. Das Erbsenpüree mit dem Gemüsefond glatt mixen. 1/5 der Masse leicht erhitzen und die ausgedrückte Gelatine dazugeben. Die restliche Masse nach und nach hinzugeben und ca. 4h (am besten über Nacht) kalt stellen. In gewünschte Form schneiden.

Joghurtsorbet (Frozen Yogurt)

Alle Zutaten für das Sorbet, außer dem Joghurt selbst, aufkochen, passieren und auf Eiswasser herunterkühlen. Den Joghurt einrühren und in Paco Jet Becher füllen oder in einer Eismaschine abdrehen.

Spinatsalat

Den jungen Spinatsalat mit dem Macadamianussöl marinieren. Die Schalottenwürfel in Butter anschwitzen, den marinierten Spinatsalat zugeben und kurz dünsten bis er ein wenig zusammen gefallen ist. Mit Salz und Pfeffer würzen. Den Salat noch lauwarm anrichten.

APFEL, MANDEL, RUM

Rezept für 4 Personen

Apfelkugel
    2 Äpfel (Pink Lady)
200 ml Wasser
0,5 g Vitamin C oder 1/2 Zitrone

Apfelfond
  50 g Zucker
  20 g weißer Portwein
  20 g Noilly Prat
500 ml klaren Apfelsaft
  50 g Ingwer
    1 Stange Zimt
    1 Bio-Zitrone
    1 ausgekratzte Vanilleschote

Apfelgel
200 g Apfelfond
  2 g Agar Agar
10 g Havanna Rum (7 Jahre)

Marzipanbisquit
200 g Marzipan
200 g Butter
100 g Zucker
  4 Eier
105 g Mehl

Mandelmousse
Zutaten Mandelsahne:
400 g Sahne
100 g geröstete Mandelhobel
Zutaten Mandelmousse
300 g Mandelsahne
150 g Eigelb
 25 g Zucker
 75 g Mandelsirup
300 g Sahne geschlagen
  8 Blatt Gelatine

Apfel-Rum Gelée
175 g Apfelfond
 25 g Havanna Rum (7 Jahre)
  2 Blatt Gelatine

Apfel-Rum-Eis
Zutaten Püree
250 g Äpfel ohne Schale, Pink Lady
 50 g Zucker
Zutaten: Eis
500 g Milch
125 g Sahne
 70 g Zucker
 75 g Eigelb
200 g Apfelpüree
 50 g Havanna Rum (7 Jahre)

Apfelkugeln
Die Äpfel waschen, schälen, mit einem Kugelausstecher gleichmäßige Kugeln herausstechen und in das Vitamin C Wasser legen. Schalen und Kerngehäuse für den Fond, die Abschnitte des Fruchtfleisches für das Apfel Rum Eis beiseite stellen.

Apfelfond
Den Zucker mit wenig Wasser zu hellem Karamell kochen, mit Portwein und Noilly Prat ablöschen und reduzieren. Mit Apfelsaft aufgießen, die Aromaten und Apfelabschnitte hinzufügen. Den Fond kurz aufkochen, 1 Stunde ziehen lassen und passieren. Einen Teil des Fonds abnehmen, erneut aufkochen und heiß über die Apfelkugeln geben, so dass diese bedeckt sind. Am besten über Nacht kalt stellen.

Marzipan
Das Marzipan in der Mikrowelle leicht erwärmen und mit der weichen Butter sowie dem Zucker in einer Küchenmaschine schaumig rühren. Die Eier nach und nach zugeben. Das Mehl einsieben. Die Masse mit einer Palette 0,5 cm dick gleichmäßig auf eine Backmatte streichen und bei 180°C im Ofen ca. 10 min goldbraun backen. Mit einem Ring mit Durchmesser von 10 cm rund ausstechen. Ringe desselben Durchmessers mit Tortenrandfolie auskleiden und jeweils eine Bisquitscheibe hineinlegen.

Mandelmousse
Sahne und Mandelhobel zusammen aufkochen, über Nacht ziehen lassen und passieren. Das Eigelb mit dem Zucker auf einem Wasserbad schaumig aufschlagen. Die Mandelsahne erwärmen und die eingeweichte Gelatine darin auflösen. Die Mandelsahne mit der Eigelbmasse und dem Mandelsirup mischen und auf Eiswasser herunterkühlen. Die geschlagene Sahne behutsam unterheben und die Mousse 2 cm hoch in die vorbereiteten Ringe füllen. Mindestens 2 Stunden kalt stellen.

Apfel-Rum Gelée
Fond und Rum auf 50°C erwärmen und die eingeweichte Gelatine darin auflösen. Auf Zimmertemperatur abkühlen lassen und auf die Mousse-Ringe geben. Erneut kalt stellen.

Apfel-Rum-Eis
Den Zucker hellgelb karamellisieren und den Apfel kleingeschnitten hinzugeben. Bei geringer Hitze so lange kochen, bis alle ausgetretene Flüssigkeit verdampft ist und die Apfelstücke glasig sind. Nun in einem Mixer zu einem Püree verarbeiten. Den Zucker mit dem Eigelb verrühren. Währenddessen Sahne und Milch aufkochen und heiß zügig in das Eigelb rühren. Auf einem Wasserbad bei 80°C pasteurisieren und auf Eiswasser herunterkühlen. Den Rum einmal aufkochen, mit Eisgrundmasse und Apfelpüree mischen. In einem Paco Jet Behälter füllen und gefrieren oder in einer Eismaschine abdrehen.

Gebrannte Mandeln

Den Zucker mit etwas Wasser zu einem farblosen Sirup kochen. Die Mandeln und das Salz zugeben. Nachdem der Zucker auskristallisiert ist, die Wärmezufuhr reduzieren. Mittels eines hitzebeständigen Spatels die Nüsse trennen und langsam unter stetem Rühren karamellisieren. Am Schluss die Butter zugeben; die Nüsse auf Backpapier geben und noch warm voneinander trennen. In einem luftdicht verschlossenen Gefäß aufbewahren.

Gebrannte Mandeln
- 60 g Mandeln, ganz, geschält und geröstet
- 20 g Zucker
- 1 Prise Salz, ein wenig Butter

Apfelchip
- 1 Apfel „Granny Smith"
- 100 g Wasser
- 50 g Zucker
- 50 g Isomalt Zucker
- 0,5 g Vitamin C

Apfelchip

Aus Wasser und den Zuckerarten einen Sirup bereiten. Den Apfel auf einer Aufschnittmaschine in dünnste Scheiben schneiden und mit Sirup und Vitamin C vakumieren. Die Scheiben sollten hierbei möglichst nicht übereinander liegen. Den Beutel in kochendem Wasser 10 Sekunden blanchieren und sofort in Eiswasser abschrecken. Die Apfelscheiben trocken tupfen und bei 60 °C auf einer Backmatte im Ofen trocknen bis sie knusprig sind. Die Trocknungszeit reduziert sich drastisch, wenn man die Scheiben über Nacht im Sirup belässt.

Anrichten

Die Moussetörtchen vorsichtig aus den Ringen nehmen und die Folie lösen. Mittels Ausstechern je 1 großes und 1 kleines Loch in die Törtchen stechen. Das Apfelgel auf Tellern verstreichen und die Törtchen darauf anrichten. Die Apfelkugel auf dem Teller arrangieren und mit den gebrannten Mandeln sowie Appleblossoms ausgarnieren. Mit einem Eiskugelausstecher eine Kugel Apfel Rum Eis in das große Loch setzen und den Apfelchip anlegen. Das kleine Loch mit ein wenig Sud der Apfelkugeln befüllen.

Die Kämpfernatur

Wolfgang Müller ist in luftigen Höhen und ganz fest in der Berliner Koch-Szene verankert

Er liebt Fleisch, vor allen Dingen aber die Tiere, die es liefern. Yaks haben es ihm angetan, von dieser Rinderart besitzt er ein paar Exemplare, und Zackel-Schafe, die hat er bei einem Bauern in Tirol untergebracht. Die Himalaya-Rinder, die Yaks also, lässt er in einer Höhe von 2000 bis 3200 Metern frei herumlaufen. Das ist für Wolfgang Müller wichtig: die Ursprünglichkeit und der respektvolle Umgang mit Tieren. Seine Prinzipien will er in Zukunft in seiner Koch-Akademie vermitteln. ROC – Republic of Cooking soll das Unternehmen heißen, das Müller gemeinsam mit dem aus dem Fernsehen bekannten Koch Stefan Marquard auf dem Gelände des neuen White Trash ins Leben rufen wird. Eine Foodmanufaktur ist außerdem geplant: „Gute hausgemachte Wurst wird es geben, und einmal im Monat an einem Samstag ein Gala-Menü." Das wird diejenigen freuen, die Müllers Kochkunst schon mal genießen konnten, sei es im früheren Adermann in Mitte oder im Horvath in Kreuzberg. Und ein Kochbuch ist auch wieder geplant. Der Mann hat in Zukunft viel zu tun.

Wolfgang Müller

Yak-Chef

RUPPINER LAMMRÜCKEN „SMOKING SPICES" AUF GESCHMORTEN RÜBCHEN

Rezept für 4 Personen

800 g Ruppiner Lammrücken
1 EL Senf

Kruste „Smoking Salt"

2 Scheiben Toastbrot ohne Rinde in kleine Würfel
30 g Butter
10 g langer Pfeffer
5 g runder Pfeffer
1 Chilischote
2 Kardamom
10 g schwarzer Pfeffer
10 g Rauchsalz
1 Eigelb

* Das Ruppiner Lamm wächst auf dem Grünland rund um den Fluss Rhin nordwestlich von Berlin auf. Es ernährt sich ausschließlich von Muttermilch und den saftigen märkischen Wiesen. Das zeigt sich auch in der besonderen Fleischqualität. Rauchsalz gibt dem Gericht eine besondere Note.

Den Lammrücken mit Salz und schwarzen Pfeffer aus der Mühle würzen. In einer heißen Pfanne mit Öl von allen Seiten gut anbraten und in den vorgeheizten Backofen bei 200 °C für ca. 8 Minuten geben. Danach mit dem Senf bestreichen und mit der Kruste belegen und für 2 Minuten gratinieren.

Für die Kruste die Butter unter die Brotwürfel mischen. Danach die Gewürze in einen Mörser geben und zerstoßen. Die Gewürze und das Eigelb zu den Brot mischen und mit etwas Salz abschmecken. Fein ausrollen und belegen.

Für die Beilage können Sie je nach Belieben Rübchen oder natürlich auch anderes Gemüse reichen.

KOTELETT VOM HAVEL-LÄNDER APFELSCHWEIN AUF KRAUTFLECKERL IN RAUCHSALZ-BIERSAUCE

Rezept für 4 Personen

4 Stk. Havelländer
Apfelschweinkotelett
Öl
Salz
schwarzer Pfeffer aus
der Mühle

Krautfleckerl

600 g Krautfetzen
300 g Nudelfetzen
200 g Schinkenfetzen oder
Knacker
100 g Karottenwürfel
Blattpetersilie
Zucker
Apfelsaft
Kümmel
Butter
Salz und Zucker

Biersauce

200 g Zwiebeln
80 g Apfelmousse
½ l dunkles Bier
z.B. Schwarzer Abt
200 ml Kalbsfond
10 g Kümmel
Rauchsalz & Zucker
Speisestärke zum Abbinden

Dieses Kotelett vom Havelländer Apfelschwein werden wir nie vergessen! Saftig, fein und unglaublich zart. Es ist eine Züchtung aus alten Landrassen und zeichnet sich durch eine robuste Konstitution aus. Es wächst inmitten intakter Landschaften mit reichlich Auslauf auf und wird auf Basis von natürlichen Apfelresten gefüttert. Ein dunkles Bier macht die Sache rund und schmackhaft.

Kotelette
Das Kotelett von beiden Seiten würzen und in einer heißen Pfanne von allen Seiten goldbraun braten. Danach für 5 Minuten in den vorgeheizten Backofen bei ca. 180° C geben.

Krautfleckerl
Für die Krautfleckerl zunächst etwas Zucker karamellisieren und mit dem Apfelsaft ablöschen und reduzieren. Nun Butter dazugeben und die Kohlfetzen darin anschwitzen, würzen, den Schinken und die Karottenwürfel dazugeben. Wenn der Kohl gar gezogen ist, die Nudelfetzen dazugeben und mit der Petersilie abrunden. Mit etwas Kümmel nachwürzen – servieren.

Biersauce
Für die Biersauce die Zwiebeln in Butter andünsten, dann das Apfelmousse dazugeben und mit dem Bier ablöschen – reduzieren. Nun den Kalbsfond dazugeben, etwas Kümmel, Rauchsalz und Zucker zugeben und ca. 10 Minuten köcheln lassen. Mit etwas Speisestärke abbinden.

Unter Brüdern

Stefan und Matthias Eggert sind gemeinsam in der Küche unschlagbar

Matthias ist der Visionär, Stefan der Pragmatiker. Der eine reiste in der Weltgeschichte herum, arbeitete in Australien und Kanada. Der andere probierte sich in Berlin und in der Bundesrepublik aus. Seit rund drei Jahren arbeiten sie nun zusammen in der deutschen Hauptstadt. Und seit jüngster Zeit sind sie für die Küche im Goldneun, dem früheren HBC, verantwortlich. „Wir sind gemeinsam besser als jeder alleine!" Dieses Wissen hat sie zusammengeschweißt, wobei bei den beiden auch mal Hassliebe herrscht, wie unter Brüdern üblich, aber vor allem „Harmonie und Spaß, wie wir sie jetzt beim gemeinsamen Arbeiten haben." Mit ihren Interpretationen von deutscher Küche kommt man in den Genuss der Vorzüge beider Charaktere. Allein das Landei – im Winter mit Glühweinaromaten –, das saisonal immer anders serviert wird, ist einen Besuch und den Treppenaufstieg am Alexanderplatz wert.

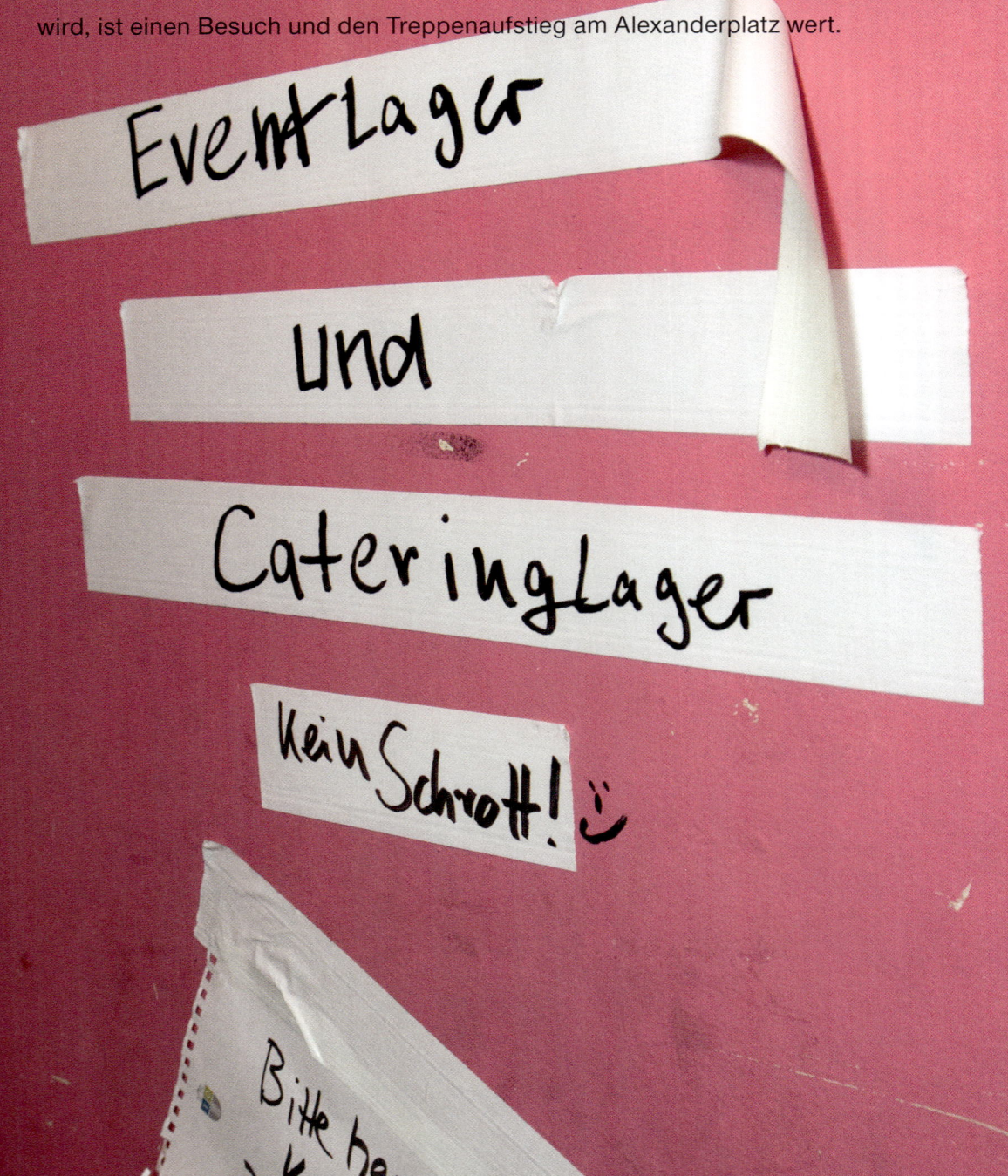

Matthias und Stefan Eggert

Goldneun

VARIANTEN VON BUTTERNUSSKÜRBIS UND TELTOWER RÜBCHEN

Rezept für 4 Personen

Kürbiseis
150 g Kürbismark
70 g Glukosesirup
25 g Quark 40 % Fett
30 ml Läuterzucker
etwas Apfelessig
Prise Salz

Creme von Teltower Rübchen
400 g Teltower Rübchen
Butter
Apfelsaft
Salz
Zucker
gemahlene Muskatblüte
300 g Teltower Rübchen

Gebrannte Estragoncreme
Rapsöl
140 ml Sahne 30 % Fett
60 ml Estragonpaste
2 Eigelb
5 g Agar-Agar

Estragonpaste
Estragon
kalt gepresstes Rapsöl
Sahne
Agar-Agar
Zucker
Salz
brauner Rohrzucker
Kürbiskerne

Kürbismarkeis

Den unteren Teil vom Kürbis schälen und entkernen, dann in etwas Apfelsaft weich dünsten, pürieren. Läuterzucker und Glukosesirup zusammen aufkochen. Abkühlen lassen und mit dem Rest vermischt in die Sorbetiere geben.

Gebeizter Kürbis

Den oberen Teil des Kürbis schälen und mit der Julienneklinge des Gemüsehobels fein hobeln, leicht zuckern und salzen, dann zu einem Nest drehen.

Creme von Teltower Rübchen

Teltower Rübchen schälen und würfeln, mit Butter und Apfelsaft weich schmoren, mit Salz, Zucker und gemahlener Muskatblüte würzen, pürieren.

Stroh vom Teltower Rübchen

300 g Teltower Rübchen schälen und fein hobeln, dann in 160 °C heißem Rapsöl backen, danach salzen.

Für die Estragonpaste

Estragon mit etwas kalt gepresstem Rapsöl fein pürieren. Sahne und Agar-Agar mit etwas Zucker und Salz 3 Minuten aufkochen, abkühlen lassen und mit dem Rest vermengen. In eine flache Form geben und abgedeckt im Ofen bei 95 °C 50 Minuten stocken lassen, dann abkühlen und stürzen, mit etwas braunem Rohrzucker abbrennen.

Alles anrichten und mit karamellisierten Kürbiskernen garnieren.

GEWÜRZ-FERKELBAUCH MIT GRÜNEM SELLERIE UND BIRNE KAISERKRONE

Rezept für 4 Personen

600 g Bauch vom
      Märkischen Landferkel
      Zimtstange
      frische Lorbeerblätter
      Fenchelsaat
      Anissaat
      Kümmel
      Salz
      Zucker
   1 l Apfelsaft
   1 l Wasser

Birnensorbet

140 ml Birnenmark
 60 ml Läuterzucker
 40 g Glukosesirup
 40 ml Rieslingsekt
      Salz

Den Bauch putzen und von Schwarte befreien, Bauch mit geschrotetem Zimt, Lorbeer, Kümmel und Fenchel 24 Stunden trocken marinieren. Die Schwarte auslassen und trocknen, dann mit Anis, Kümmel, Zucker und Salz zu einem Gewürzstaub zermahlen. Bauch mit Apfelsaft, Wasser und drei mittelgroßen, gerösteten Zwiebeln abgedeckt im Ofen bei 115 °C 4,5 Stunden schmoren, vorm Anrichten bei 200 °C 5 Minuten portioniert im Ofen backen, dann den Sud mit zerstoßenem gerösteten Kümmel zu einem dickflüssigem Lack reduzieren.

Für das Birnenmark

Birne Kaiserkrone schälen, entkernen und mit etwas Birnensaft weich dünsten und danach pürieren. Läuterzucker und Glukosesirup zusammen 3 Minuten aufkochen, abkühlen lassen und mit dem Rest mischen, in die Sorbetiere geben.

Für die Birnensalsa

Birne Kaiserkrone schälen entkernen und würfeln, dann mit etwas Birnensaft, kalt gepresstem Rapsöl, Salz, Pfeffer marinieren. Grünen Sellerie der Länge nach fein hobeln und genauso marinieren, mit Lauchsprossen anrichten.

Hot & Urban

Detektivisch, beharrlich, abwegig.

Diese Stadt bleibt unfertig. Und das ist die Chance der Gastgeber, die eine Nase für spezielle Orte, spezielle Konzepte und spezielle Menschen haben. Sie nutzen Chancen, die nur sie erkennen, und sie haben keine Angst vor unbekannten Gegenden. Handfest, robust und doch auch der Feinarbeit verschrieben, schaffen diese Eigenbrötler spezielle Orte, die andere als berlintypisch bezeichnen.

Diese Charaktere halten ihren Kopf hin für eine Idee von einer anderen Stadtwirklichkeit. Sie betreten neue Wege, sie belüften angestaubte Trinkgewohnheiten, sie führen durch ein abenteuerlich-exzessives Nachtleben. Ihre Gäste wissen das zu schätzen, diese zärtliche Eigenbrötelei und diese manchmal rauen Umgangsformen.

Trois Minutes

DER IN MITTE TANZT

KAUM JEMAND HAT BERLINS NACHTLEBEN SO GEPRÄGT WIE COOKIE ALIAS HEINZ GINDULLIS, WIE ER IM GRAUEN ALLTAG HEISST

Berlin um Mitternacht, Unter den Linden, Ecke Friedrichstraße. Eine wartende Schlange vor einem eher unscheinbaren Eingang. Eine grellgrüne Stola hier, ein bisschen Glitter auf der Wange dort, schnell ein kurzes Telefonat übers Smartphone, sonst dezentes Gemurmel überall. So das Vorspiel am Dienstag, um im Cookies zu tanzen, zu trinken, zu relaxen – und sich mit Freunden zu treffen.

Der Clubmacher Cookie hat im Berliner Nachtleben das System „von Freunden für Freunde" eingeführt. Und das genau vor 18 Jahren. 1994 hat er seine erste kleine Kellerbar eröffnet. Der Grund für seinen Erfolg? „Ich verändere immer wieder etwas und bleibe trotzdem meinen Prinzipien treu." Ob er heute noch alle Gäste persönlich kennt? „Nein, aber das ist auf jeder Privatparty auch so. Es kommen immer auch Freunde von Freunden. Auch nach der privatesten Party wird der Gastgeber hinterher feststellen, dass er viele Leute nicht kannte."

Das Faszinierende ist aber, dass die Gäste, einmal angefixt, regelmäßig wieder ins Cookies kommen. Und irgendwann ist es ganz selbstverständlich, dass hier ein Teil ihres Lebens passiert. Und diese Mischung aus neuen Gästen, die neue Impulse bringen, und denjenigen, die seit dem Anfang dabei sind und auch noch die früheren Locations kennen, macht den speziellen Reiz des inzwischen volljährigen Clubs aus. „Die Club-Atmosphäre wird durch Leute geprägt, die immer wieder kommen." Außerdem müsse man als Clubmacher darauf achten, dass alles die richtige Verhältnismäßigkeit besitzt. „Du wirst hier keine Sponsoring-Marken sehen. Der Club steht im Vordergrund. Wenn mir Sachen nicht gefallen, ändere ich das. Ich achte sehr darauf, dass ich den Club so mit Leben fülle, dass ich mich hier wohl fühle."

Und dieses Feeling scheint nicht nur die urbane Mixtur aus neuen und langjährigen Gästen, aus Berlinern und internationalen Party-People, zu goutieren, sondern auch die Prominenz aus der internationalen Musik- und Filmbranche. Was die Stars zudem sehr schätzen, ist, dass sie hier normal behandelt werden. Es wird kein Bereich extra für sie abgesperrt. Es gibt keinen Sondereingang. „Ein Star ist hier Gast, hat seinen Spaß und sein Privatleben." Das war im Cookies schon immer so. Und was für Cookie ein ewiges Phänomen bleibt: „In Berlin ist immer noch toll, dass es egal ist, wer du bist. Es ist egal, wie viel du verdienst, ob du reich oder arm bist. Das ist uninteressant im Nachtleben, so lange man Spaß hat. Das gab es vor 18 Jahren und das gibt es auch noch heute." Und wenn die Atmosphäre und die Musik harmonieren, dann sieht man Cookie tanzen, in manchen Nächten sogar stundenlang.

Clubmacher
Cookie

Rebellische Jungs und gute Küche

Dirk Müller, genannt Walde, und Heiko Schulz kochen anders

Zum Muskeltraining kämen sie gerade nicht. „Keine Zeit", erklärt Dirk Müller alias „Walde". Ihre eindrucksvollen Oberarme kämen zurzeit nur vom Kochen. „Und das Tätowieren ist unsere Leidenschaft" – neben dem Kochen. Deshalb bekommt bei Veranstaltungen jedes Gemüse und jedes Stück Fleisch ein Tattoo. „Bei einer Veranstaltung von Ferrari wird jedem Gast der Thunfisch mit dem Ferrari-Pferd serviert." Doch ganz so wild sind die Jungs nicht immer. Denn neben ihren Auftritten und Caterings in ganz Deutschland geben Dirk Müller und Heiko Schulz, die beiden Chefs der Kochbox, hier in Berlin Kochkurse, bei denen sensibel auf Regionalität, auf saisonale Produkte sowie landestypische Küche geachtet wird. Dabei favorisieren sie eine Crossover-Küche, in der sie unterschiedliche Richtungen zusammenbringen, denn so können sie jedem Gericht ihre besondere, rebellische Note verpassen.

Heiko Schulz, Dirk Müller

Kochbox Berlin

LEBKUCHEN MORTADELLA

Rezept für ca. 8 Personen

300 ml Sahne
100 g Zucker
4 EL Honig
1 Stange Vanille
1 Stange Zimt
1 Sternanis
250 g Lebkuchen
100 g Vollmilchschokolade
100 g Sauerkirschen
15 Bl Gelatine

Kunstdarm
(Fleischereibedarf)
Küchengarn

Die Sahne in einem Topf erwärmen.
Die Schokolade dazugeben und zum Schmelzen bringen. Zucker, Honig, Zimt, Sternanis und Vanillemark dazugeben.
Alles zusammen erwärmen auf 60–70 °C (nicht kochen).
Topf vom Herd nehmen, den Zimt und Anis herausnehmen und die Masse handwarm abkühlen lassen.

Währenddessen
Die Gelatine in kaltem Wasser einweichen.

Die Lebkuchen in Würfel schneiden.

Jetzt die eingeweichte Gelatine in die lauwarme Masse einrühren bis sie aufgelöst ist, die Sauerkirschen und die Lebkuchenwürfel unterheben. Die Masse in den Kunstdarm einfüllen und mit dem Küchengarn straff abbinden. Die fertige

JOHNNIE WALKER
PLATINUM CORNED- BEEF

Das Rinderfilet parieren.

Pökellake aus Whiskey und Pökelsalz anrühren und in das Rinderfilet einspritzen.

Vakuumieren.

Bei Niedrigtemperatur (56 °C) für 1 Std. im Wasserbad garen.

Herausnehmen, kurz anbraten und schneiden.

Kartoffellocken – Zubereitung.

Festkochende Kartoffeln mit dem turning slicer zu Kartoffellocken verarbeiten.

Kartoffellocken in Planzenöl ausfrittieren.

Mit Salz und Pfeffer würzen.

Rezept für 4 Personen

800 g	Rinderfilet 3/4
300 ml	Johnnie Walker
30gr	Pökelsalz
	Pfeffer
	Zucker

Kartoffellocken - Zutaten

800 g	Festkochende Kartoffeln
1 l	Pflanzenöl
	Salz, Pfeffer

Die Unspießigen

Der kleinste gemeinsame Nenner ist französische Küche. Andreas Saul ist Küchenchef vom Bandol sur mer und Christoph Hauser vom angrenzenden 3 Minutes sur mer

Sie arbeiten zusammen und doch gehen sie getrennte Wege. „Abends muss jeder sehen, wie er mit seiner Küche und dem Betrieb zurechtkommt." Saul ist für die anspruchsvollen Menüs zuständig, während Hauser für die ehrliche Bistro-Küche verantwortlich ist. Übrigens haben beide in der Sterneküche von Marco Müller gearbeitet. Die lockere Atmosphäre, das Unspießige in den beiden Restaurants ist ihnen wichtig. „Es ist eine große Chance, dass wir etwas ausprobieren, uns immer weiter entwickeln können." Jedenfalls hat es sich schon längst auch international herumgesprochen, dass es bei den beiden Küchenchefs wie auch in der ganzen Torstraße immer wieder unkonventionelle und zugleich professionell zubereitete Speisen gibt.

3 Minutes, Bandol sur Mer

Christoph Hauser
Andreas Saul

BOEUF AU GINGEMBRE „3 MINUTES"

Rezept für 4 Personen

600 g Rinderoberschale
1 Möhre
2 Stangen Staudensellerie
2 Rote Zwiebeln
2 EL Tomatenmark
200 ml Rotwein
50 ml Cognac
50 g frischer Ingwer
500 ml Rinderfond
1 Lorbeerblatt
2 Nelken
10 Pfefferkörner, schwarz

Auberginenpüree

2 Stck Auberginen
2 EL Crème fraîche
Salz, Pfeffer,
Weissweinessig

Zwiebeln, Karotten, Staudensellerie in kleine Würfel schneiden (ca. 1x1 cm) und mit etwas Pflanzenöl in einem großen Topf hellbraun anbraten, mit etwas Salz abwürzen.

Tomatenmark und die Gewürze beigeben, mit Rotwein und Cognac ablöschen und sirupartig einkochen. Mit den Rinderfond auffüllen und bei mittlerer Hitze köcheln lassen.

Die Rinderoberschale in ca 3 x 3 cm große Stücke schneiden, mit etwas Pflanzenöl in einer Pfanne scharf anbraten und in den Topf geben. Den Ingwer schälen, in sehr feine Würfel schneiden und zum Schluss in den Topf geben.

Tipp: Mit einem Esslöffel lässt sich Ingwer wunderbar schälen, man spart den Ingwer und behält die etherischen Öle.

Bei geschlossenem Deckel ca 2 Std. auf dem Herd simmern lassen. Dabei ist zu beachten, dass es nicht kocht, sonst trocknet das Fleisch aus.

Die Auberginen waschen und grobe Würfel schneiden. Anschließend in einem Topf mit Fett (Friteuse) bei ca 170 °C braun ausbacken.
Auf einem Tuch abtropfen lassen. Wenn die Auberginen kalt sind, werden sie mit der Crème fraîche im Mixer fein püriert und mit Salz, Pfeffer und etwas Essig abgeschmeckt.

GEBRATENER HAVELZANDER UND RÄUCHERAAL MIT GELBER UND ROTER BETE, TOSKANISCHEM PALMKOHL, SCHMORGURKE

Rezept für 4 Personen

1 Zanderfilet
1 geräucherter Aal, Filet
5 große Rote Bete
3 kleine Gelbe Bete
2 Kartoffeln
8 Perlzwiebeln
4 Blätter vom toskanischen Palmkohl
1 Schmorgurke
10 Schalotten
3 l Geflügelbrühe
1 l Weißweinessig
4 Lorbeerblätter
Salz, Zucker, Pfeffer

Bete einzeln salzen, zuckern und Essig zufügen, in Alufolie einpacken.

Bei 180° C im Ofen schmoren, bis sie weich sind. Die Gelbe Bete schälen und in 5 mm dünne Scheiben schneiden. Eine rote Bete in hauchdünne Scheiben schneiden und die restlichen vier Rote Beten grob würfeln und mit 10 geschälten Schalotten in Butter anschwitzen. Dann mit Geflügelfond bedecken und mit 1 Lorbeerblatt weich kochen und pürieren. Mit Salz, Pfeffer und Zucker abschmecken.

In einem Topf 150 g Zucker karamellisieren, mit 400 ml Weißweinessig ablöschen und auf die Hälfte reduzieren. 1,5 l Geflügelbrühe aufgießen und auf die Hälfte reduzieren, Lorbeer und Salz dazugeben. Kartoffeln schälen und in 5 mm dünne Scheiben schneiden, Strunk der Palmkohlblätter entfernen. Kartoffelscheiben, Palmkohl und geschälte Perlzwiebel in der Brühe weich kochen. Schmorgurke schälen und entkernen, in 1 x 1 cm große Würfel schneiden, mit Salz, Zucker, Weißweinessig marinieren und anschwitzen.

Zanderfilet in 4 gleich große Stücke schneiden, melieren und auf der Haut kross braten, den geräucherten Aal in 4 gleich große Stücke schneiden.

Der Dinner Klub – nur echt mit Karte

Neukölln, wir wissen es, ein Bezirk im Aufbruch. Auch kulinarisch. Noch kann man sich hier Räume erobern: Und der Speisenklub tut dies, auf seine ganz eigene Art und Weise. Geht es hier doch um die Urform aller Kulinaristik: die Gastfreundschaft, eine Begegnung unterschiedlicher Menschen, zufällig, ad hoc und irgendwie „öffentlich-privat". Die Tafel ist gedeckt und die Schwestern Cathrin und Elena Brandes haben diese zusammen mit Thomas Greb (Styling) und Thomas Wenzel (Service) in Szene gesetzt. Ihre Idee: themenorientierte Dinner in kunstvoll gestalteten Räumen, wechselnde Orte, immer neue Gastgeber, saisonal-regionale Menus. Am letzten Sonntag im Monat finden die Klubabende in wechselnden Locations in Neukölln und auch mal anderswo statt. Wohnungen, Lofts, Galerien, Gärten öffnen ihre sonst verschlossenen Türen für die Speisenklub Gäste. Und dann gilt: Alles kann, nichts muss ... laßt uns an dieser Tafel Freunde für immer werden.

Sommelier beim Speisenclub:
Patrick von Vacano. Seine Weinempfehlungen
zum Buch finden Sie auf Seite 57.

54

Speisenklub Neukölln

Cathrin & Elena Brandes

WAN TAN VON DER WILDENTE IN PILZESSENZ

Rezept für 6 Personen

Der Teig

250 g	Weizenmehl Type 550
½	Glas kaltes Wasser
1	Prise Salz, ein Ei
1 TL	neutrales Öl

Füllung

300 g	Wildentenbrust, von der Haut befreit
50 g	frischer geschälter Ingwer
1	Knoblauchzehe
1	Chilischote
1 TL	Salz, ein Ei

Für die Pilzessenz

2 kg	Entenkarkassen oder Suppenhuhn
1 kg	Knollensellerie
1 kg	Möhren
2	Gemüsezwiebeln
1	dicke Stange Lauch
1	Bund glatte Petersilie
1 TL	schwarze Pfefferkörner
500 g	gemischte frische Pilze
200 g	getrocknete gemischte Waldpilze
2	Eiweiß, 1 EL Salz

Mehl, Salz, Ei und Wasser mischen bis ein fester, geschmeidiger Teig entsteht. Teig leicht einölen und zugedeckt 1 Stunde ruhen lassen. Wan Tan Teig portionsweise auf einer bemehlten Fläche dünn ausrollen und Kreise von ca. 5 bis 6 cm Durchmesser ausstechen. In die Mitte einen guten Teelöffel Füllung setzen, Teig zu einem Halbmond zusammenklappen und die überlappenden Enden gut zusammendrücken. Portionsweise in siedendem gesalzenen Wasser garen.

Die Wildentenbrust, den Ingwer und die Chilischote würfeln und alles durch die feine Lochscheibe vom Fleischwolf drehen. Mit Salz, Pfeffer und Ei gut verkneten. Abgedeckt kalt stellen.

Für die Essenz am Besten Entenkarkassen oder zur Not ein fettes Suppenhuhn verwenden. Das Gemüse schälen, putzen, grob schneiden und mit Karkassen/ Huhn/Suppenfleisch ansetzen. Gewaschene Petersilie, Salz und Pfeffer dazugeben, kurz aufkochen und dann 2 Stunden kochen. Die Trockenpilze in kaltem Wasser einweichen. Die Brühe nach den 2 Stunden durch ein Sieb mit feuchtem Geschirrtuch gießen. Die Gemüse/Karkassenreste entsorgen, den Topf reinigen und die Brühe wieder reingießen. Nochmals kurz mit den abgetropften Trockenpilzen aufkochen und eine halbe Stunde sanft köcheln lassen. Durch das Sieb abgießen und mit Wan Tan und etwas Gemüse in Schälchen servieren.

WILDSCHWEINTERRINE MIT DATTELN AUF HONIGBROT

Rezept für 1 kg Terrine

800 g	Wildschweinbauch durchwachsen, nicht zu fett (alternativ Gulasch)
200 g	fetter Schweinespeck
100 g	Datteln
2 TL	Zimt
1 Msp.	gemahlene Nelken
1 Msp.	gemahlener Anis
1 EL	Salz, zwei Eier
1 EL	frisch gemahlener schwarzer Pfeffer
1 TL	Rohrohrzucker

Rezept für 1 Honigbrot

250 g	Weizenmehl Type 550
½	Glas kaltes Wasser
1	Prise Salz, ein Ei
1 TL	neutrales Öl

Ofen auf 180 °C vorheizen. Fleisch und Speck grob würfeln und durch die mittlere Lochscheibe des Fleischwolfs drehen. Die Masse würzen und mit den Eiern durch die mittlere Lochscheibe drehen. Die Hälfte der Masse mit Dattelstückchen mischen und durch die feine Lochscheibe drehen. Alles in eine Kastenform füllen, das Backpapier zusammenklappen und zudecken. Die Terrine im Wasserbad im Ofen bei 180 °C eine Stunde garen und über Nacht kaltstellen.

Für das Honigbrot den Ofen auf 200 °C vorheizen, Weizenmehl, Backpulver und Salz in eine große Schüssel geben, Butter würfeln und mit den Fingern in das Mehl einreiben. Die Eier unter die Mischung heben und langsam die Milch zugeben. Den feucht-krümeligen Teig niemals richtig durchkneten! Mehl und Haselnüsse zum Teig geben und alles mit dem Spachtel zu einer klebrigen, gerade eben zusammenhängenden Masse vermischen. Die Masse mit Mehl bestäuben und in eine gut gefettete Kastenform oder eckige Backform geben. Ca. 45 Min backen.

Weinempfehlung

Zum Auftakt ein Riesling Brut Sekt mit feiner Perlage. Er spielt mit dem Wildschwein und dem Honig Brot einfach aufregend.

Zu den Wan Tan passt ganz wunderbar eine Riesling Kalkofen Spätlese 2009 Weingut Siben Erben. Der perfekt gereifte Riesling bildet mit seinen vollen Aromen eine wunderbare Harmonie.

Wild aus der Region

Unser Wild bestellen wir immer bei Biolüske in Lichterfelde. Da jagt der Chef noch selbst, wir wissen, es kommt frisch aus der Region und nicht irgendwo aus einer Zucht in Übersee. Auch den köstlichen Kornblumenhonig der Imkerei Sebastian Seusing finden wir hier.

Classics

Ehrgeizig, zielstrebig, hartnäckig

Sie besitzt Weltruf. Die Haute Cuisine Berlins hat sich nach einer rasanten Entwicklung in die oberste Klasse gekocht. Früher, in der zweigeteilten Stadt, galt gehobene Kulinarik als Statement der aktuellen Staatsräson. Heute ist es sinnliches Erlebnis in höchster Kunstform. Für die einen bedeutet der Besuch eines Spitzenrestaurants luxuriöser Kurztrip, für andere der Beweis gehobenen Lebenstils.

Die besten Köche der Stadt scheuen keine Herausforderung. Den einzigen Gegner, den sie akzeptieren ist die Zeit. Sie sind jeden Tag mit einem extrem hohem Anspruch konfrontiert. Seismografisch genau nehmen sie jede Anregung, jede neue Stilistik wahr. Und lassen sie einfließen in ihre immer neuen Menü-Kompositionen. Die Top-Köche Berlins sind Leuchttürme einer besseren, einer hochzivilisierten Welt – sie weisen den sicheren Weg zu kulinarischem Hochgenuss.

Küche im VAU

Michael Kempf vor dem Nachthimmel am Potsdamer Platz

„ICH HALTE KÖCHE FÜR KÜNSTLER."

PEPE DANQUART IST FILMEMACHER, OSCAR-PREISTRÄGER UND EIN AUSGESPROCHENER FAN VON FILM UND KÜCHE. ER WOHNT IN BERLIN UND DURCHSTREIFT DIE RESTAURANTS DER HAUPTSTADT. DABEI IST ER NICHT NUR IN DER SZENE- GASTRONOMIE UNTERWEGS. EINE ENGE FREUNDSCHAFT VERBINDET IHN MIT DEN STERNEKÖCHEN STEFAN HARTMANN UND MARCO MÜLLER.

Pepe Danquart meint, es soll schmecken, was es verspricht: egal ob Gemüse oder Fleisch. Ihm gefällt besonders, wenn in der Berliner Gastronomie die Produkte aus dem Umland auf den Teller kommen: „Wenn Köche eigene Kräutergärten betreiben, ihren eigenen Metzger finden und pflegen, wissen wo das Fleisch oder der Fisch herkommt - dann finde ich das auf dem Teller. Dann schmeckt es eben auch besonders und - wie bei Marco und Stefan - beflügelt dieses Wissen ihre Visionen beim Kochen und Kreieren von kulinarischen Abenteuern am Gaumen."

Sein Credo: Köche sind Künstler, Menschen mit hohem kreativen Anspruch. Wenn sie mit viel Liebe und mit Inspiration an ihrem Herd stehen, entsteht Kunst. Vergängliche Kunst, die der entdeckt, der es schmecken kann. Wenn die Sensorien nicht da sind - dann ist auch diese Liebesmühe umsonst. „Ich meine also: Kunst kann man schmecken - nicht nur betrachten! Dabei lege ich keinen Anspruch auf 35 Kellner, die mir bei jeden Schluck Wein im Glas nachschenken. Ich brauche kein silbernes Besteck oder Blumen auf dem Klo. Ich will, dass das Essen im Mittelpunkt steht und nicht das „Schischi" drumherum."

Pepe Danquart vergleicht die Berliner Gastro-Szene mit New York in den 80er Jahren: „Die Gastronomie in Berlin ist in Ihrer Vielfalt und ihrem Avantgardebewußtsein wie die Kunstszene New Yorks in den 80iger Jahren. Das waren die Zeiten des Aufbruchs, des Pop und der Punkszene, die Zeiten Warhols, von „the factory" und Lou Reed. Es gibt heute Bistros in Berlin wie das ‚Bandol sur Mer', ein abgefahrener Laden mit feiner Küche oder auch das ‚Cookies', wo man in einem Industriebau an weißen Tischdecken über einer Diskothek in einem Restaurant sitzt. Eine gastronomische Vielfalt wie nirgendwo sonst in Europa - und das alles nicht nur arm und sexy, sondern reich im Geschmack und dabei manchmal auch noch erotisch."

Pepe Danquart

Die Ausnahmeerscheinung

Sonja Frühsammer kocht als erste Frau in der Riege der Spitzenköche

Sie hat schon immer gekocht am heimischen Herd. Eigentlich wollte sie Tiermedizin studieren. „Aber das hat zeitlich nicht geklappt." Also ging es weiter am Herd. Nach ihrer Lehre als Köchin lernte sie im Sternerestaurant Alt Luxemburg unter Karl Wannemacher die Kunst, mit Raffinesse zu kochen. Bei Peter Frühsammer arbeitete die gebürtige Australierin zunächst als Aushilfe, dann heiratete sie den ehemaligen Sternekoch und löste ihn als Küchenchef ab. Dass sie neben ihm in der Restaurantküche die Hosen anhat, ist ebenso bewundernswert wie ihre feine Kochkunst mit bodenständigem Einschlag. Sonja Frühsammer ist innovativ, aber nicht abgehoben und überzeugt mit ihren Gerichten nicht nur die Gäste. Sogar der Gatte lässt sich dazu hinreißen, ihre Küche als „begnadet" zu bezeichnen.

Sonja Frühsammer

Frühsammers Restaurant

WOLFSBARSCH, ROTE PAPRIKA, ARTISCHOCKENSAUCE, SCHWARZE OLIVE

Rezept für 4 Personen

1 Loup de Mer (man rechnet etwa 50 % Abschnitte beim ganzen Fisch)
4 rote Paprika
1 Schalotte
Rosmarin, Knoblauch
Olivenöl
80 g schwarze gute Oliven
Öl
Läuterzucker

Artischockensauce

1 Artischocke
4 Champignons
2 Scheiben Bacon
3 Schalotten
Geflügelfond
Rosmarin
Thymian
Knoblauch
Olivenöl

Den Loup schuppen, die Schuppen auffangen, auf einem Sieb gut durchspülen und beiseitelegen. Den Loup filieren, portionieren und die Haut fein einschneiden, damit sie sich beim Braten nicht verzieht.

Die Paprika vierteln, mit Olivenöl bestreichen, mit Salz bestreuen und unter einem Grill grillen, bis sie eine dunkle Farbe hat, aber nicht schwarz ist. Dann die Haut abziehen und etwas größer als den Fisch portionieren. Die Abschnitte der Paprika leicht anräuchern und mit der Schalotte, Knoblauch, Rosmarin und Olivenöl zu einem Püree kochen.

Die Hälfte der Oliven kurz in Läuterzucker tauchen, trocknen (z. B. im Ofen bei da 90 °C sollte man einen Tag vorher machen, denn das dauert ziemlich lange, mind. 3 Stunden!) und grob hacken.

Die Schuppen auf Abtropfpapier kurz trocknen und dann in heißem Öl backen bis sie kross sind, dann leicht salzen und beiseitestellen.

Die Artischocke putzen und den Boden grob würfeln. Den Speck anbraten, die Schalotten hinzugeben und dann die Artischockenwürfel. Alles gut anrösten, mit Geflügelfond knapp angießen, die Kräuter hinzugeben und alles mind. 20 Minuten simmern (leicht köcheln) lassen. Dann mixen, durch ein Sieb passieren und abschmecken.

Die gegrillte Paprika kurz in einer Pfanne erwärmen, den Loup braten und das Paprikapüree leicht erwärmen.

Die Paprika auf den Teller setzen, den Loup darauf mit Olivencrumble bestreuen, mit Paprikapüree schön anrichten und den Loup mit den krossen Schuppen bestreuen.

Natürlich die Artischockensauce nicht vergessen.

„LATTE MACCHIATO"

Rezept für 4 Personen

Tamarindtarte
320 g Butter
500 g Zucker
500 g Vahlrona „Guanaja"(70%)
500 g Eier
150 g Tamarindenpaste

Weißes Kaffeeeis
260 g Kaffeebohnen
500 g Sahne
500 g Milch
180 g Zucker
260 g Eigelb

Kaffeezuckerhippe
500 g Fondant
250 g Glukose

Tamarindschaum
200 g Apfelsaft
100 g Läuterzucker
100 g Tamarindpaste
1 Msp. Lecite
Alles mixen und aufschäumen.

Pochierte Tamarindtarte

Butter im Topf langsam erwärmen, wenn die Butter flüssig ist Zucker dazugeben. Butter und Zucker zu einer Emulsion binden. Vahlrona „Guanaja" (70%) überm Wasserbad schmelzen. Vahlrona Kuvertüre langsam unter ständigem Rühren zu der Emulsion geben. Die Eier unter die Masse rühren. Die Tamarindenpaste dazugeben. Solange rühren bis eine glatte Masse entsteht. Die Masse auf flaches GN-Blech mit Backpapier geben und stark mit Klarsichtfolie bedecken. Bei 90 °C ungefähr 45 Minuten pochieren.

Sahne mit Milch aufkochen. Heiß auf die Kaffeebohnen gießen und 24 Stunden bei 4 °C ziehen lassen. Am nächsten Tag Milchsahne von Bohnen passieren und langsam erhitzen. Zucker und Eigelb auf einem Wasserbad bis 78 °C aufschlagen. Heiße Milchsahne langsam zum Eigelb dazugeben und zur Rose abziehen. Auf Eis auf 4 °C abkühlen und in die Eismaschine geben.

Kaffeezuckerhippe

Beides auf 155 °C kochen und auf ein flaches Blech gießen und gleichmäßig verteilen. Wenn die Masse erstarrt ist, klein machen und in einem Mixer zu feinen Staub mixen.

Den Staub auf eine Backmatte streuen und mit gestanzten Kaffeebohnen bestreuen. Bei 16 °C in Ofen schieben bis die Masse klar ist.

Himmelskörper

Christian Lohse ist Berlins Hochleistungskoch

Er hält seit sechs Jahren zwei Michelin-Sterne. Er betritt gerne Neuland, hat einen Sinn für Situations-
komik und ist dabei immer Profi. Christian Lohse ist in Ostwestfalen aufgewachsen und begann seine
Karriere mit der Ausbildung bei Jean Pierre Billoux in Dijon. Von dort ging es mit der Kochkunst voran
in weiteren Sterneküchen. Nach den Stationen Tours, Paris und London, wo er auch Privatkoch des
Sultans von Brunei war, ging es zurück nach Deutschland, nach Deidesheim, dann 2002 ins Berliner
Vier Jahreszeiten im Grunewald und 2004 schließlich ins Fischers Fritz. Lohse bekam nach einem
knappen Jahr 2005 einen Michelin-Stern und später einen zweiten. Dieses Jahr ist Christian Lohse im
Fischers Fritz zum sechsten Mal in Folge mit zwei Michelin-Sternen ausgezeichnet worden. Und seine
humoreske Seite spielt er einmal im Jahr bei der Konzeption des Menüs für das Palazzo aus, dem
Gourmettheater im Zelt.

Christian Lohse

Fischers Fritz

SALAT VON ROTER UND GELBER BETE, KORIANDERGRÜN UND MEERRETTICHVINAIGRETTE

Für 4 Personen

12 Mini Gelbe Bete
12 Mini Rote Bete
    Haselnussöl
    Meersalz

    Rotweinessig
    Salz und Zucker
    Olivenöl

    Rote Bete Saft
    Salz, Zucker
    Speisestärke

2 dl Rote Bete Saft
50 g geriebener Meerrettich
    aus dem Glas
    Salz und Zucker
  3 Blatt Gelatine
N 2 Kapseln

Garnitur
    Korianderkresse
    Dill
    Rote Bete Salat

Gelbe und Rote Bete in grobem Meersalz im Ofen bei 150° C ca. 50 Minuten garen, danach schälen und mit Haselnussöl abschmecken.

Ein Stück Rote Bete schälen, auf einem Tagliatelleschäler schneiden, abschmecken mit Rotweinessig, Salz, Zucker und Olivenöl, 1 Stunde marinieren lassen.

1 dl Rote-Bete-Saft aufkochen, abschmecken mit Salz und Zucker, abbinden mit Speisestärke, erkalten lassen und später den Teller mit mittelgroßen Punkten dekorieren.

2 dl Rote-Bete-Saft aufkochen, abschmecken mit Meerrettich, Salz und Zucker, durch ein feines Sieb passieren, mit 3 Blatt Gelatine vermengen und in einen Sahnesiphon füllen, mit N2-Kapseln verbomben.

RÜCKEN VOM BRANDENBURGER REH, GESCHMORTE FEIGE, ENGLISCHER BLEICHSELLERIE, FEIGEN-VINCOTTOJUS

Rezept für 4 Personen

1 kg Rehrücken
Meersalz

100 g Butter
etwas Quatre
epices

200 g Knollensellerie
Zucker
Butter

100 g Staudensellerie
Salz, Zucker
Zitronensaft
Selleriegrün
Walnussöl
20 g Walnüsse

4 schwarze Feigen
Butter, Zucker
Zitronensaft
etwas Quatre
epices

Den Rehrücken salzen und mit Quatre epices würzen. Danach in schaumiger Nussbutter rosa braten (man rechnet pro kg Fleisch am Knochen 20 Minuten bei 110 Grad Celsius). Den Knollensellerie schälen, in schaumiger Butter mit Salz und Zucker karamellisieren und langsam garen. Knollensellerie mit der Butter im Mixer fein pürieren und durch ein Sieb passieren.

Den Staudensellerie in feine Scheiben schneiden, marinieren mit Salz, Zucker, Zitronensaft, Selleriegrün und Walnussöl. Danach fein gehackte Walnüsse hinzugeben.

Die schwarzen Feigen in schaumiger Butter mit Zucker, Quatre epices und etwas Zitronensaft langsam fast weich zu einem Feigenjus schmoren.

Rund 1 dl Rehjus mit der Feigenjus vermengen und mit schwarzem Pfeffer abschmecken.

Garnitur
Frittiertes Lorbeerblatt, Kerbel, Selleriegrün und Hornveilchen.

Der willensstarke Teamplayer

In der Riege der Berliner Spitzenköche zählt Michael Kempf zu den experimentier - freudigen jungen Talenten

Michael Kempf wusste schon sehr früh, was er will. Nämlich kochen und das professionell. Kempf war der Einzige, der während der Schulzeit das Fach Hauswirtschaft belegt hatte. „Es hat einfach Spaß gemacht, und eigentlich war es nur wegen der Ladies." Der Mann aus Süddeutschland hält an hohen Ansprüchen fest, und mit einer seltenen Entschlossenheit arbeitet er mit seinem Küchenteam (auf dem Foto: Souschef Joachim Gerner, Patissier Thomas Gläser, Entremetier Erik Schmitz, Gardemanger Karsten Kötter, Stellvertreterin Patisserie Katrin Engelen) an perfekten Gerichten. Michael Kempf war der jüngste Koch in Berlin, der einen Michelin-Stern bekommen hat, und er hält ihn seit über zehn Jahren. Er steht täglich in der Küche, mit Ehrgeiz und Akribie arbeitet er an den traditionellen Gerichten der Haute Cuisine, modernisiert sie, entwickelt die Rezeptur weiter, bis zur Perfektion und dabei ist er immer auf der Suche nach neuen Produkten, nach neuen Gewürzen. „Das Facil ist meine Bühne, da kann ich mich austoben."

Michael Kempf
Facil

NACKEN VON BAUER BEUTHES WOLLSCHWEIN, ROMESCO UND SÜSSHOLZ

Rezept für 4 Personen

Nacken
600 g Wollschweinnacken
100 g Röstgemüse (Karotte, Sellerie, Schalotten)
Je 1 Zweig Thymian + Rosmarin

Geräucherte Paprika
2 rote Paprika
Olivenöl, Räuchermehl
1 Zweig Kerbel
2 Zweige Blattpetersilie

Paprikagel
Meersalz
2 EL Olivenöl
½ TL geräuchertes Paprikapulver
2 Msp. Piment D´Espelette
½ Zitrone, Saft und Schale

Tomaten
4 Fleischtomaten
2 EL Olivenöl

Eingelegte Zwiebeln
2 weiße Zwiebeln
1 Lorbeerblatt
2 x Nelken + Wacholderbeeren
6 x Körner Koriander + Senf
6 weiße Pfefferkörner
½ Knoblauchzehe
5 g Süßholz
200 ml Apfelsaft
200 ml weißer Portwein
200 ml Noilly Prat
20 ml Estragonessig

Jus
400 ml Lammfond
200 ml Rotwein
5 g Süßholz,
3 EL Olivenöl
½ TL geräuchertes Paprikapulver

Anrichten
1 Schale Scarlettkresse
30 g Püree von schwarzem Knoblauch
1 EL Röstzwiebeln gehackt
1 EL Mandeln, geröstet, gehackt

Schweinenacken in der Grillpfanne von allen Seiten scharf anrösten. Auf das Gemüsebett mit Rosmarin- und Thymianzweig setzen und bei 120 °C im Backofen von jeder Seite ca. 10 Minuten garen. Mindestens 5 Minuten bei 65 °C ruhen lassen.

Paprika vierteln und Kerngehäuse entfernen. Auf ein Blech setzen. Mit Olivenöl bepinseln und mit Meersalz würzen. Mit Alufolie sehr gut abdecken und 15 Min. bei 180 °C garen. Herausnehmen, schälen und rund ausstechen. Die Abschnitte für das Gel aufbewahren! 2 Minuten räuchern. Mit Olivenöl bepinseln. Die Kräuter waschen, sehr fein hacken und daraufstreuen. Mit Klarsichtfolie abdecken.

Für das Paprikagel alle Zutaten sehr fein mixen, durch ein feines Haarsieb passieren und in eine Spritzflasche abfüllen.

Tomaten einschneiden, kurz im Salzwasser blanchieren und abschrecken. Die Haut abziehen, vierteln und mit dem Kerngehäuse auf ein mit Olivenöl bepinseltes Blech verteilen. Bei 75 °C halb trocknen.

Gewürze sehr fein mörsern und mit den restlich Zutaten auf ein Drittel einkochen. Durch ein feines Sieb passieren. Zwiebeln schälen, in 3 mm dicke Scheiben schneiden und auf ein tiefes Blech setzen. Mit der Reduktion bedecken, mit Alufolie einpacken und im Backofen bei 100 °C ca. 20 Minuten garen. Kühl stellen. Aus dem Fond nehmen und in einer Pfanne mit etwas Rapsöl goldbraun anbraten.

Lammfond und Rotwein mit dem Süßholz, der geräucherten Paprika und dem Piment D`Espelette auf ein Drittel einkochen. Durch ein feines Sieb passieren. Mit den restlichen Gewürzen abschmecken und das Olivenöl einmixen.

Paprikarondelle, gebratene Zwiebelscheiben und Tomatenfiles mit Fruchtfleisch auf den vorgewärmten Tellern anrichten. Paprikagel und Püree von schwarzem Knoblauch aufspritzen. Röstzwiebeln und Mandeln drauf anrichten. Die Kresse zupfen und in die Pürees stecken. Nacken in 4 Scheiben tranchieren und mit etwas geräuchertem Meersalz würzen. Die Sauce aufmixen und auf dem Teller anrichten.

WILDE FEIGE, OPALIS-SCHOKOLADE, GEWÜRZ-ROTWEIN-EIS

Für 4 Personen

Feigenmousse

200 g Opalis, Weiße Schokolade von Valrhona
40 g Eigelb
30 g Eiweiß
10 g Zucker
4 g Gelatine eingeweicht
30 g Cointreau
10 g Feigenessig
400 g Sahne 35 % cremig aufgeschlagen
50 g Feigenpüree

Rotweineis mit Gewürzen

1 l Rotwein
100 g Portwein rot, Gewürze z.B. (Nelke, Lorbeer, Orange, Vanille, Zimt)
350 g Banyuls (Süßwein)
300 g Zucker
240 g Eigelb
600 g Butter gewürfelt

Schokoladenspaghetti

125 g Sahne 35 %
125 g Vollmilch 3,8 %
1 Ei
25 g Zucker

125 g Jivara Lactée (Vollmilch Schokolade)
15 g Kakaobutter
3 g Gelatine eingeweicht

Schokolade im Wasserbad schmelzen. Eigelb, Eiweiß und Zucker in der Küchenmaschine cremig aufschlagen. Cointreau und Feigenessig in einem kleinen Topf erwärmen, die eingeweichte Gelatine darin auflösen. Schokolade in die geschlagene Eimasse geben und mit dem Schneebesen unterrühren.

Den warmen Alkohol zugeben und ebenfalls einrühren. Sie sollte eine glänzende und elastische Konsistenz aufweisen. Nun das Feigenpüree unterziehen und danach die Sahne unterheben. Die Mousse in Formen Füllen und einfrieren. Nach dem einfrieren die Mousse entformen, zusammensetzen und mit weißer Schokolade mit der Air Brush Technik besprühen.

Rotwein, Portwein und Gewürze in einem Topf auf 0,4 l reduzieren. Dann mit Banyuls auffüllen auf 0,75 l Zucker und Eigelb cremig rühren und mit dem Wein zur Rose abziehen (auf 84 °C erhitzen). Die Eismasse passieren auf 50 °C abkühlen und die Butter einrühren. Noch warm in die Eismaschine geben und frieren.

Aus der Sahne, Milch, Zucker und den Eiern eine English Creme herstellen (zur Rose abziehen bei 84 °C). Schokolade und Kakaobutter schmelzen. Aus Schokolade und der warmen English Creme eine Emulsion herstellen, nach und nach die Flüssigkeit unter ständigem Rühren in die Schokolade geben. Nun die Gelatine zugeben. Mit Folie direkt auf der Masse abdecken und kalt stellen. Die Schokoladencreme mindestens 12 Stunden im Kühlschrank kristallisieren.

Creme in einen Spritzbeutel mit 2-mm-Tülle geben und dressieren.

Dekor: Marmelade von roten Beeren, Scarlett-Kresse, Schokoladendekor, Feigenmarmelade, Blattgold, eingelegte Wild-Feigen, vergoldete Macadamianuss.

Stefan Hartmann

Hartmanns Restaurant

Der Steher

Stefan Hartmann ist gleichzeitig ein sanfter und sturer Koch

Er steht mit seinem Team in einer der wohl kleinsten Küchen der hiesigen Haute Cuisine. Stefan Hartmann hat in seiner Karriere Höhen und Tiefen erlebt, aber seine Leidenschaft ist ungebrochen: „Ich habe in meiner Küche immer das gemacht, was ich wollte." Für ihn ist die positive Resonanz seiner Gäste wichtig und sonst nichts. Und trotz oder gerade wegen dieses individualistischen Standpunktes hat er vom Guide Michelin 2010 einen Stern bekommen – und gehalten. Seither bleibt Hartmann weiterhin bei seiner ehrlichen Küche und als Gastgeber ein einfühlsamer und sanfter Zuhörer.

GEWÜRZLACHS MIT ROTE BETE UND MEERRETTICHEIS

Rezept für 4 Personen

600 g Lachsfilet ohne Haut

Gewürze

10 g	Sternanis
10 g	Piment
5 g	Pfeffer
5 g	Koriandersaat
5 g	Zimtstange
1	Nelke
1	Knoblauchzehe
1	Rosmarinzweig (klein)

100 g	brauner Zucker
100 g	graues Meersalz
100 g	Rote Bete
100 g	Gelbe Bete
100 g	Weiße Bete
150 ml	Rote- Bete-Saft reduziert auf 20 ml Himbeeressig, Salz, Pfeffer, Zucker

Rote-Bete-Küchlein

1	rohe, fein geriebene Rote Bete Abrieb einer Orange
1	Eigelb
1	steif geschlagenes Eiweiß
50 g	Mehl
10 g	Butter etwas reduzierter Rote-Bete-Saft

Meerretticheis

1 l	Geflügelfond
70 g	Schalotten, Thymian, Rosmarin
1 EL	Glucose
3 Blatt	Gelatine Meerrettich aus dem Glas nach Geschmack
1 EL	Crème fraîche

Die Gewürze in der Pfanne rösten, danach fein mahlen. Mit Zucker und Meersalz vermengen, den Lachs damit einreiben und 12 Stunden beizen. Den Lachs in einem Bambusdämpfer ca. 4 Minuten bei wenig Dampf garen (der Lachs sollte rosa sein).

Rote, Gelbe, Weiße Bete getrennt in Wasser mit Lorbeer, Kümmel, Essig, Zucker und Salz weich garen. Danach schälen und in fingernagelgroße Würfel schneiden und getrennt mit Olivenöl, Salz, Zucker, Pfeffer und etwas Essig abschmecken.

Für die Rote-Bete-Küchlein alle Zutaten vermengen und in einer gebutterten Backform bei 180 °C im Ofen backen.

Für das Meerretticheis den Geflügelfond mit den fein geschnittenen Schalotten und den Kräutern auf 600 ml reduzieren. Restliche Zutaten vermengen und in einer Eismaschine oder Paco Jet kalt rühren.

SCHOKOLADENTARTE SANDDORN, KAFFEE

Für 4 Personen

Mürbeteig für Tarte
300 g Butter
120 g Zucker
60 g Mandelgriess
2 Eier
500 g Mehl

Schokomasse für Tarte
200 g Kuvertüre
200 g Butter
200 g Zucker
4 Eier

Schokomousse
150 g Kuvertüre
2 Eigelb
50 g Zucker
1 Espresso
200 g Sahne
1 Blatt Gelatine
Damit die Mousse herstellen

Ganache
50 g Zucker als Karamell
50 g Sahne zum Ablöschen
2 Espresso
20 g Honig
150 g Milchkuvertüre

Eis
200 g Sanddornpüree
6 Eigelb
150 g Zucker
125 g Butter

Creme
150 g Sanddorn Püree
60 g Zucker
100 g Butter
2 Eier + 3 Eigelb

Kaffeecreme
400 ml Sahne
50 g Zucker
2 Espresso
2 g Agar Agar
3 Blatt Gelatine
Espressopulver

Temperierte Butter mit Mehl, Eiern und Mandelgrieß verkneten und eine Stunde im Kühlschrank ruhen lassen. Ausrollen und in die gewünschte Form bringen. Das nun blind backen bei 180 °C. Ein kleiner Trick: den rohen Mürbeteigboden in das Tiefkühlfach stellen und dann bei 180 °C 15 Minuten backen, der Mürbeteig geht dadurch nicht auf.

Temperierte Kuvertüre mit weicher Butter zusammen im Wasserbad auflösen. Zucker und Eier dazu, das wird auf den Mürbeteig gegossen und bei 90 °C im Ofen ca. 60 Minuten gegart. Die Zeit ist abhängig von der Tiefe der Tarteletts.

Mousse
Kuvertüre im Wasserbad schmelzen, zwei Eigelb mit Espresso und 50 g Zucker zur Rose abziehen, ausgedrückte Gelatine unterrühren und nun die geschlagene Sahne unterheben. Kalt stellen.

Ganache
Zucker karamellisieren, mit Sahne ablöschen, restliche Zutaten zugeben, mit dem Küchenmixer rühren, kalt stellen.

Eis
Das Eigelb mit dem Zucker und dem Sanddornpüree zur Rose abziehen. Die Butter mit einem Mixer mixen und alles in der Eismaschine kalt rühren.

Sanddorncreme
Alle Zutaten zur Rose abziehen.
Eventuell danach noch aufmixen. Kalt stellen

Kaffeecreme
Alle Zutaten zusammen aufkochen und die ausgedrückte Gelatine unterrühren auf ein Blech gießen – ungefähr Daumenhöhe.

Das Multitalent

Kolja Kleebergs Begabung als Entertainer und Schauspieler, gepaart mit seiner großartigen Kochkunst, macht das Vau zu einer Top-Adresse

„Es gibt ein echtes Leben als Koch, riechen, schmecken – das ist die Realität. Fernsehen ist Unterhaltung." Kolja Kleeberg ist Fernsehstar und war einer der ersten Spitzenköche, der sich für gutes Essen stark gemacht hat. Er wird auf der Straße erkannt und angesprochen. Kolja Kleeberg ist beliebt und wird gleichzeitig ernst genommen. Der Sternekoch, der seit über zehn Jahren die Kochkunst in seinem Restaurant Vau hochhält, hat nicht nur schauspielerisches Talent, er ist zudem musikalisch, kann auf einer Gitarre spielen, und wer bei einem seiner Hoffeste war, weiß: Kolja Kleeberg ist Rock´n Roller. „Lust" ist für Kolja Kleeberg der Schlüsselbegriff. Diesen Eindruck gewinnt man bei ihm als Gast, wenn man sich etwas zu essen wünscht. Der wohl prominenteste Spitzenkoch geht äußerst sensibel mit den Wünschen und den Gelüsten seiner Gäste um: „Wir folgen ihnen."

Französische Straße

Kolja Kleeberg
VAU

ROSA GEBRATENES VOM BRANDENBURGER REH MIT STEINPILZCREME UND WACHOLDERSABAYON

Rezept für 4 Personen

- 4 Stück Rehrücken
  à 150 g
  Butter, Salz,
  Pfeffer aus der Mühle
- 2 Zweige Thymian
- 2–3 Wacholderbeeren,
  angedrückt

Palffyknödel

- 500 g altbackenes Brioche,
  gewürfelt
- 150 g feine Zwiebelwürfel,
  gedünstet
- 4–5 Eier
- 1 kl. Bund Petersilie,
  fein gehackt
- 700 ml warme Milch
  Salz, Pfeffer, Muskat

Steinpilzcrème

- 150 g Steinpilze
- 2 Schalotten
- 1 Knoblauchzehe
  Pflanzenöl zum Frittieren
- 50 g Eigelb (3 Stück)
- 50 ml Pflanzenöl
- 50 ml Geflügelfond
  Salz, schwarzer Pfeffer
  aus der Mühle,
  Walnussessig

Wacholdersabayon

- 50 ml Martini Rosso
- ½ EL Wacholderbeeren
  angedrückt
- 4 Eigelb
- 3 g Salz

Petersilienwurzel

- 4 Petersilienwurzeln
- 1 EL Butter, Pflanzenöl,
  etwas Geflügelfond
  Salz, Pfeffer
- 1 Handvoll Fichtennadeln

zusätzlich:

- 50 g Sauerklee, Vogelmiere,
  Giersch, wilder Kerbel
- 100 ml Rehjus

Die Rehrücken straff in Frischhaltefolie einwickeln und 15 Minuten im Wasserbad bei 65 °C garen. Aus der Folie wickeln – salzen und pfeffern. Anschließend in gebräunter Butter mit Thymian und Wacholder kurz von allen Seiten nachbraten. Für die Palffyknödel den Brioche in einer Schüssel mit den restlichen Zutaten vermengen und die Masse ebenfalls in Frischhaltefolie einrollen. Im Wasserbad bei 85 °C etwa 25 Minuten pochieren.

Die Knödel auf Größe der Rehrücken zuschneiden und in Butter goldgelb ausbacken. Die Steinpilze putzen und mit einem Gemüsehobel in feine Scheiben schneiden. Schalotten, sowie Knoblauch schälen und ebenfalls fein schneiden. In reichlich Öl nacheinander goldgelb frittieren und sofort auf Küchenpapier abtropfen lassen. Das Öl abkühlen lassen.

Die Eigelbe, den Geflügelfond und das Frittierte in einen Küchenmixer geben, pürieren und das abgekühlte Öl langsam bis zur Konsistenz einer Mayonnaise zulaufen lassen. Anschließend mit Salz, Pfeffer und Walnuss-Essig abschmecken. Den Martini leicht erwärmen und mit den Wacholderbeeren aromatisieren. Durch ein feines Sieb passieren und mit den restlichen Zutaten für die Wacholdersabayon im Thermomix bei 70 °C auf Stufe 5 circa 6 Minuten rühren. In einen Sahnesiphon füllen und mit zwei NO2-Kapseln bestücken.

Die Petersilienwurzeln schälen, in gleichmäßige Spalten schneiden und in einer Pfanne goldbraun anbraten. Etwas Geflügelfond und Butter zugeben, die Hitze reduzieren und darin garziehen. Die Flüssigkeit sollte vollständig reduziert und die Spalten glasiert sein.

Die Fichtennadeln im Ofen bei 200 °C verkohlen lassen, fein mixen und die Petersilienwurzeln darin wälzen.

Anrichten

Die Steinpilzcrème auf einen Teller mit einem kleinen Spatel verstreichen. Die Knödel und Rehrücken darauf verteilen. Die Petersilienwurzeln auf den Knödeln anrichten und mit Sabayon und Rehjus nappieren. Die Kräuter locker darüber verteilen und servieren.

CROUSTILLANT UND PARFAIT VON VALRHONA-SCHOKOLADE

Rezept für 4 Personen

Schokoladen-Parfait

5	Eigelb
1	Vollei
50 g	Zucker
150 g	Valrhôna Schokolade, 63 %, geschmolzen
35 ml	Likör 43
500 ml	Sahne, geschlagen

Schokoladensauce

80 ml	Sahne
80 ml	Milch
50 g	Zucker
50 g	Glucose
1	Prise Salz
½	Vanilleschote
80 g	Valrhona-Schokolade, 76%

Schokoladen-Küchlein

110 g	Valrhôna-Schokolade, 76%
100 g	Butter
175 g	Vollei
100 g	Zucker
45 g	Mehl

Schokoladen-Lochhippe

50g	Butter
50g	Eiweiß
50g	Mehl
50g	Zucker
1 EL	Kakao

Schokoladen-Parfait

Für das Parfait die Eigelbe, Vollei und Zucker aufschlagen. Anschließend nacheinander die Schokolade, den Likör und die geschlagene Sahne einarbeiten. In Formen füllen und gefrieren lassen.

Schokoladensauce

Bis auf die Schokolade die Zutaten für die Schokoladensauce aufkochen, passieren und die Schokolade mit einem Pürierstab in die noch heiße Flüssigkeit mixen.

Schokoladen-Küchlein

Schokolade und Butter gemeinsam schmelzen. In der Zwischenzeit die Eier mit Zucker in einer Küchenmaschine leicht aufschlagen und die leicht abgekühlte Schokolade zulaufen lassen. Das gesiebte Mehl vorsichtig einarbeiten. Die Masse in gewünschte Förmchen füllen und bei 180 °C circa 12 Minuten backen.

Schokoladen-Lochhippe

Alle Zutaten für die Lochhippe vermengen und auf eine Punkt-Silpatmatte streichen. Bei 170 °C circa 4 Minuten anbacken, noch warm in die gewünschte Form schneiden und weitere 10 Minuten fertig backen.

Zubereitungszeit: 1 Stunde, ohne Kühlzeit

Positive Emotionen

Marco Müller ist stolz auf seinen Stern, den er für das Rutz als eines der ersten deut-schen Restaurants bekommen hat, die für die entspannte Sterne-Gastronomie stehen.
2007 erhielt er seinen ersten Stern und konnte ihn bis heute verteidigen. Vom Gault Millau wird das Rutz mit 17 von 20 Punkten ausgezeichnet. Er zählt damit zu den bestbewertesten Köchen der Stadt.

Das Rutz ist geteilt in die Weinbar im Erdgeschoss und das Sterne- Restaurant in der ersten Etage. Die Weinbar steht unter dem Motto „die Rettung der deutschen Esskultur" und serviert bodenständige, regionale Küche.

Im Restaurant zeigt Müller seine besondere Beziehung zu Produkten. Dem Gast werden ausschließ-lich Menüs in sechs, fünf, vier oder drei „Inspirationen" serviert. Die „Inspirationen" sind Gänge, kreiert aus Produkten von herausragender Qualität, besonderem Geschmack, ungewöhnlicher Zube-reitung oder auch als Interpretation eines Gefühls. Sie werden von Müller immer in zwei Variationen als „Erlebnis" serviert.

„Ein Gericht muss begeistern, ein Erlebnis sein und ein Gefühl hervorrufen.", sagt Müller, lacht und entwaffnet den Gast mit seiner charmanten Art.

Marco Müller

Rutz

RUNKELKAROTTE & STEINPILZE, ERBSEN

Rezept für 4 Personen

4	gleich große Karotten
250 g	Butter
1	Knoblauchzehe
1	süße Zwiebel
1	Lorbeerblatt
1	Madagaskarvanille
	(das Mark)
	Maldon Salzflecks
	Koriander
	Estragon

Die Sauce

1 El	Butter
4-6	Steinpilze
2	Schalotten,
	geschält in Würfel
1	Knoblauchzehe
50 ml	weißer Portwein
150 ml	Madeira
1 l	Geflügelfond auf 100 ml
	reduziert
	Lorbeer, Thymian,
	Rosmarin, Majoran
2 EL	Extra Natives Olivenöl
	Meersalz, Pfeffer

Glacierte Erbsen

500 g	frische Erbsenschoten
1 TL	brauner Zucker
1 EL	Butter
35 ml	Geflügelfond
	etwas Zitronensaft und
	Karottensaft
	Meersalz, Muskatnuss
1 TL	Sauerrahm

Auch Gemüse hat ein Recht auf Geschmack.

Idee dieses Gerichtes ist es, die Karotte in Butter zu garen, zu bräunen und sie dabei dehydrieren zu lassen; was, wenn die Karotte 50 % Wasser verliert und ebenso aber 50 % an Geschmack gewinnt - und somit durch und durch nach einer sehr aromatischen Butterkarotte schmeckt!

Die geschälten Karotten und Butter in einen Topf geben. Auf kleine Flamme (Stufe 3) stellen und den Topf immer in Beobachtung haben, damit die Butter nicht zu heiß wird, da sie sonst verbrennen könnte.

Die Karotte 1,5 bis 2 Stunden in der Butter ziehen lassen und immer wieder „bewegen", so dass sie nicht von einer Seite zu dunkel werden. Währenddessen verliert die Molke der Butter ihre Flüssigkeit und fängt langsam an zu bräunen. Bevor die Butter verbrennt den Herd ausschalten und die restlichen Zutaten in die Butter geben; 30 Minuten ziehen lassen, dann hauchdünn mit weißem Balsamico beträufeln, aufschneiden und leicht salzen.

Die Butter in einem Topf leicht bräunen. Dann die geschnittenen Steinpilze zugeben und darin anbraten. Jetzt die Schalotten sowie den Knoblauch zugeben und mit Portwein, Madeira und Geflügelfond ablöschen. Alles bei kleiner Flamme ziehen lassen und eine Viertelstunde vor Fertigstellung die Kräuter zugeben. Dann vom Herd nehmen, 2 Stunden ziehen lassen und durch ein Sieb geben. Zur Fertigstellung abschmecken und das Olivenöl untermixen, so ergibt sich ein sehr schöner Geschmack und eine sämige Konsistenz.

Die Erbsen aus den Schoten lösen, kurz blanchieren, in Eiswasser abschrecken und aus der Schale pulen. In einem Topf den Zucker lösen, Butter zugeben und mit Geflügelfond ablöschen. Jetzt den Sud einkochen, bis er leicht sämig wird. Nun die Erbsen zugeben und kurz durchschwenken, würzen und ganz zum Schluss, damit die Säure nicht das schöne Grün zerstört, Zitronen- bzw. Karottensaft zugeben. Nach dem Abschmecken den Sauerrahm zugeben.

Eine Pfanne auf hohe Temperatur bringen (um optimal braten, nicht kochen zu können). Ein Esslöffel Olivenöl in die Pfanne geben und die geputzten Pilze mit der Schnittfläche oder der flachen Seite nach unten einlegen. Jetzt mit etwas Geduld und nicht häufigem Wenden von einer Seite goldbraun anbraten, Temperatur runterschalten und die Butter zugeben; aufzupassen ist, dass diese nicht verbrennt. Zum Schluss wenden, Knoblauch, Kräuter und Meersalz zugeben.

QUERBEET & FICHTENNADEL, GRÜNER BOHNENSUD

Rezept für 4 Personen

1 kg	der ersten hellgrünen Fichtentriebe im Frühjahr (bis dahin mit Rosmarin arbeiten)
400 g	brauner Zucker
100 ml	Wasser
1	Stangencannel
¼ l	frische Landmilch
2 EL	Fichtennadelsirup

Kürbiskerncroûtons
Für das Brot

125 g	Butter, weich temperiert
100 g	steirisches Kürbiskernöl
1	Würfel frische Hefe
1	Prise Zucker zur Hefe
350 ml	lauwarmes Wasser
25 g	Salz
	grüner Pfeffer gemahlen
1 TL	gehackter Rosmarin
100 g	frisch geröstete Kürbiskerne, gehackt
750 g	Mehl Type 405
	Olivenöl

Im besten Falle alle Zutaten in drei Einweckgläser aufteilen und über den Sommer an einen sonnigen Platz stellen, der Zucker karamellisiert durch die Sommerwärme und löst das schmackhafte Harz aus den Nadeln.

Oder, wenn es schnell gehen soll ...

Alles miteinander in einer Rührmaschine 10 Minuten vermengen, in Einweckgläser geben, diese in einen Topf mit Wasser stellen, dessen Boden mit einem Tuch ausgelegt ist, und 5-7 Stunden bei 80 °C in den Ofen geben. Den dadurch entstandenen Sirup durch ein Sieb geben.

Die Nadeln auf ein Tuch geben und bei weiteren 80 °C im Ofen trocknen, in einer Mühle malen und vorsichtig über das Gericht stäuben.

Für die Milch einen viertel Liter erwärmen, nicht aufkochen und mit dem Sirup abschmecken. Dann mit einem Zauberstab schaumig mixen.

Außer dem Mehl alle Zutaten miteinander vermengen und auf das Mehl dann zugeben, jetzt einen homogenen Teig kneten, gut kneten, damit sich alles vermengt und keine Klumpen entstehen. An einem warmen Ort mit einem feuchten Tuch bedeckt einmal gehen lassen und noch einmal einschlagen, jetzt in ein gut mit Olivenöl eingefettetes Blech geben und 15 Minuten bei Mischdampf garen und 35 Minuten bei trockener Hitze knusprig fertig garen. Nun leicht abkühlen lassen, noch warm auf ein Gitter stürzen und abkühlen lassen.

Jetzt in gleichmäßige Würfel schneiden und in der Butter leicht und farblos anschwenken, zum Schluss die Kerne kurz mitrösten, die Croûtons auf ein Tuch setzen und mit dem Kürbiskernöl begießen.

Garnitur: marinierte Blätter der Schafgarbe, Zitronenmelisse, Fichtennadelgel.

Berliner Komet

Tim Raue hat sich mit seiner Kochkunst ein Alleinstellungsmerkmal erarbeitet

Nun hat er ihn endlich, den zweiten Stern. Für viele war es schon lange klar, dass der temperamentvolle Berliner eines Tages zu angemessenen Würden kommen würde. Und nun ist der Berliner unter den Sterneköchen der Dritte im Bunde der Zwei-Sterne-Köche in Berlin. Was ist dran an seiner Küche? Sie ist asiatisch inspiriert und „die Verbindung von japanischer Produktperfektion, thailändischer Aromatik und chinesischer Küchenphilosophie". Wer seine Berliner Karriere von den Kaiserstuben über E. T. A. Hoffmann, Restaurant 44 zu Ma und Uma bis heute verfolgt hat, bewundert seine Kreativität, Experimentierfreude und Disziplin. Aber: Trotz seiner steilen Karriere vom Gang-Mitglied bis zum Spitzenkoch der Weltklasse pflegt er seinen ganz eigenen, typischen Berliner Stil von Umgangsformen.

Tim Raue
Restaurant Tim Raue

HUMMER DIM SUM

Ergibt 20 Stück

Teig

    20 Gyoza-Teigblätter

Füllung

  250 g Hummerfleisch, klein
        geschnitten
  100 g Fischfarce
   50 g Mangochutney
       Fleur de Sel
       roter Chili

Vinaigrette

   50 ml Fischsauce
 100 ml Reisessig
   2 EL Paprikasaft
   40 g Mangowürfel
   40 g rohe Karottenwürfel
   1 EL Korianderstiele

Gyoza-Teigblätter

mit der untenstehenden Masse füllen und 6–7 Minuten im Dampf garen.

Füllung

Alle Zutaten vermengen, mit dem Fleur de Sel und dem roten Chili abschmecken und schnell verarbeiten, kalt stellen.

Alle Zutaten verrühren und kalt stellen.

Zum Anrichten

Schafgarbe und Piment d`Esplette

BIRNE MIT JASMIN & KREUZKÜMMEL

Rezept

Birneneis

200 g	Birnenpüree
50 g	Muscovado-Zucker
50 g	Wasser
10 g	Butter

Estragonschaum

200 g	Estragonfond
100 g	Sahne
1 Blatt	Gelatine

Karamellbirnen

250 g	Zucker
150 g	Glukose
25 g	Butter
2 El	Estragon
	Süßsaure Birnen
	Birnenparisienne
50 g	Lemonsqash
25 g	Marukanreisessig

Birnenfond

200 g	Jasmintee
100 g	Birnensaft

Birnenkompott

	Birnenwürfel
	Birnenfond
	Speisestärke
	Honig, Kreuzkümmelkrem
200 g	Milch
20 g	Puddingpulver
80 g	Honig
3 g	Kreuzkümmel

Estragonessig-Perlen

100 g	Estragonessig
1 g	Agar-Aagar

Birnenfond

1000 g	Birnen
1	Flasche Lemonsquash
1 l	Birnensaft
500 g	Muscovado-Zucker

Estragonfond

1000 g	Birnenfond
2	Bund Estragon
3 EL	Estragonessig

Karamellbirnen
Zucker Glucose und Wasser auf 152° C erhitzen. Dann Butter und Estragon zufügen, abkühlen lassen und in Birnenform aufblasen!

Essigperlen
Essig und Agar-Agar aufkochen und in Öl tropfen lassen. Birnenparisienne mit den beiden Zutaten vakuumieren.

Birnenfond
Alles zusammen aufkochen und auf die Hälfte reduzieren.

Estragonfond
Birnenfond mit Estragon mixen und passieren.

Krem
Aus den Zutaten Pudding kochen und mixen.

Kompott
Birnen im Fond weich schmoren und mit Mondamin abbinden.

Mit Jasminblüten und Sauerampfer garnieren.

Der innovative Traditionalist

Siegfried Danler bleibt seinem Prinzip von Regionalität gepaart mit Gourmetküche treu

Als er nach Berlin kam und die Küche vom Pauly Saal in der ehemaligen jüdischen Mädchenschule übernahm, horchte man in Berlin auf. In der Kochszene war „Sigi" Danler lange schon bekannt, Food-Journalisten wussten von seinem Werdegang, von Auszeichnungen wie Michelin-Stern und Gault Millau-Punkten sowie von seinen Stationen: von Hamburg über Portugal nach Berlin. Sein hiesiges Arbeitsfeld galt schon vor der Eröffnung als angesagte Adresse. Und heute trägt die Küche seine unverkennbare Handschrift. Was hält er von Berlin? „Ich genieße die vielen Einflüsse, mit denen die Menschen aus aller Welt die Stadt bereichern. Und als Koch weiß ich das Umland in Brandenburg besonders zu schätzen: Sobald man die Stadtgrenze von Berlin verlässt, findet man tolle, regionale Produkte, die ich gern verwende."

Sigi Danler

Pauly Saal

GESOTTENER JUNGFERKELBAUCH MIT CHAMPIGNON-MOUSSELINE UND SCHNECKENBUTTER

Rezept für 4 Personen

700 g Jungferkelbauch ohne
    Knochen mit Schwarte
¼ l trockener Riesling
200 ml Bier
1 TL Pimentkörner
1 TL Kümmel
1 TL Pfefferkörner
2 frische Lorbeerblätter
1 grob geschnittene
    Gemüsezwiebel
1 gewürfelte Karotte,
    etwas Majoran, gerebelt
Wasser zum Bedecken

Mousseline
150 g kleine feste weiße
    Champignons
150 ml fette Sahne
Spritzer Zitronensaft
Prise Fleur de Sel
Prise Cayennepfeffer
7,5 g Maniokstärke

Schnecken
12 Weinbergschnecken
    (Helix Pomatis)
150 g schaumige Süßrahmbutter
Kräuter fein geschnitten:
    Schnittlauch, Kerbel,
    Petersilie,
    Brunnenkresse
Gewürze (etwas Salz,
    Cayennepfeffer,
    Zitronenabrieb

Für die Einlage
2 Schalotten klein gewürfelt
farblos angeschwitzt und mit
etwas Wein eingekocht

Das Wasser mit dem Bier, Wein und den Gewürzen aufkochen, den Schweinebauch einlegen (sollte mit Flüssigkeit knapp bedeckt sein!) und auf kleinster Flamme abgedeckt weich köcheln (dauert ca. 1,5 Stunden). Im Fond auskühlen lassen!

Champignons klein schneiden (feinblättrig) und in einen kleinen Topf mit den Gewürzen geben. Zudecken und bei geringer Hitze 15 Minuten lang Saft ziehen lassen. Danach die Sahne dazugeben und ca. 5 Minuten ohne Deckel leicht köcheln. Eventuell nachwürzen. Das Ganze durch ein Sieb gießen (die übriggebliebenen Champignons anderweitig verwenden!) und kalt stellen. Die kalte Flüssigkeit mit Maniokstärke vermischen und unter ständigem Rühren aufkochen lassen, danach mit einem Stabmixer gut durchmixen. So entsteht die Konsistenz als sehr samtige Mousseline!

Butter mit Kräutern, Gewürzen und Einlage gut vermengen und über Nacht durchziehen lassen. Am nächsten Tag Butter aufschäumen lassen (ohne Farbe!!) und die Schnecken darin bei geringer Hitze erwärmen.

Fertigstellung
Den Sud vom Schweinebauch reduzieren und mit einigen Butterflocken binden (nicht mixen!). Den kalten Bauch in dünne Scheiben schneiden (mit Schwarte) und im Sud leicht erwärmen. Eventuell nachsalzen und einen Spritzer Zitronensaft dazugeben. Die Wurzeln in etwas Schweinefond kurz kochen. Die warme Mousseline in einen Teller geben, die Bauchscheiben darauflegen, mit reduziertem Fond umgießen. Als Topping die Wurzeln und die lauwarmen Schnecken darauf anrichten.

ROGGENTEIGTASCHEN MIT ZIEGENTOPFENFÜLLUNG, GEMÜSEGERSTE, TOPINAMBURCREME UND KÜMMELSAUERRAHM

Rezept für 4 Personen

Teigtaschen
150 g Hartweizengrießmehl
100 g Roggenmehl
2 Eigelbe
2 Volleier

Füllung
1 Handvoll gedünsteten Blattspinat
200 g Ziegentopfen
80 g braune Butter
Salz
Pfeffer aus der Mühle
geriebene Muskatnuss

Gemüsegerste
100 g Perlgraupen
Wurzelgemüse (Karotte, Lauch, Pastinake) in feine Würfel geschnitten
1 Schalotte in feine Würfel geschnitten
1 ungeschälte, angedrückte Knoblauchzehe
heißer Selleriefond
einen Schuss Weißwein (am besten gelben Muskateller)
eine Butterflocke
fein geschnittener Schnittlauch

Topinamburcreme
4 Knollen sauber geschälte Topinambur
etwas Salz
geriebene Muskatnuss
Spritzer Zitronensaft
einige kalte Butterwürfel

Kümmelsauerrahm
200 ml Selleriefond
etwas Cayennepfeffer
1 TL Kümmel
Prise Fleur de Sel
200 ml glattgerührter Sauerrahm

Zubereitung

Zutaten zu einem glatten Teig verkneten und eine Nacht kühl stellen.

Den erkalteten Spinat grob schneiden, mit den anderen Zutaten gut vermengen und würzig abschmecken. Den Nudelteig sehr dünn ausrollen, Kreise ausstechen, mit der Füllung füllen, den Rand mit etwas Wasser (oder Eiklar) bestreichen und zu Halbmonden zusammenklappen. Bis zur Weiterverarbeitung abgedeckt kühl stellen.

Die Wurzeln farblos anschwitzen und die gewaschenen Perlgraupen kurz mit andünsten, mit Wein ablöschen und nach und nach mit heißem Selleriefond angießen. Immer so viel, dass alles knapp bedeckt ist (dasselbe Verfahren wie beim Risotto). Wenn die Graupen fertig sind (nach ca. 20 Minuten) mit Butter cremig binden und mit Schnittlauch verfeinern. Die Topinamburknollen schneiden und sehr weich dämpfen. Danach fein pürieren, fein abschmecken, mit Hilfe eines Schneebesens die Butterwürfel zur Montierung einrühren. Dies sollte bei geringer Hitze geschehen.

Fond mit den Gewürzen ca. 5 Minuten leicht köcheln lassen. Den Sauerrahm dazugeben und 10 Minuten ziehen lassen. Danach durch ein feines Sieb passieren.

Garnitur

In Selleriefond und in etwas Weißwein knackig gedünstete Lauch-Julienne und feine Croûtons von einem Bauern-Sauerteigbrot.

Fertigstellung

Die Teigtaschen in Salzwasser 1 Minute kochen, abtropfen lassen und in brauner nicht zu heißer Nuss-Butter mit etwas fein geschroteten Koriandersamen schwenken. Die Topinamburcreme in einen tiefen Teller gießen, einen Löffel cremige Wurzelgerste sowie den gedünsteten Lauch hinzugeben, außerdem den warmen Kümmelsauerrahm. Die Teigtaschen schön anordnen. Mit den Brotcroûtons bestreuen.

Stadt in Bewegung

Future Food

Wir werden beneidet! Ein Grund: Die Leichtlebigkeit und Leichtsinnigkeit einer Generation, die sich diese Stadt ausgesucht hat. Aus aller Welt kommen sie angereist und implantieren ihre Hoffnungen, ihre Ideen, ihren Idealismus in die deutsche Hauptstadt.

Junge Kosmopoliten sorgen für den Spaß am Feiern, am gemeinsamen Essen, sie kultivieren Heiterkeit, und gleichzeitig steckt in ihren Kochkünsten Intuition und Verantwortlichkeit. Ihre Unberechenbarkeit schafft neue Geschmackser-lebnisse, genauso wie ihre Verantwortlichkeit gegenüber Ressourcen. Sie ha-ben eine innovative Esskultur vorangebracht. Diese Szene in ihrer komplexen Gesamtheit ist das Gelächter dieser Stadt, um das uns viele beneiden.

Markthalle IX, Kreuzberg

ICH KOCHE FÜR MICH
EIN VIER-GÄNGE-MENÜ

NERVEN BEWAHREN – MICHAEL SCHENK KANN DAS. DEN BEWEIS BRACHTE ER BEIM FOTO-SHOOTING. DAS SOLLTE EIGENTLICH IM ROCCO & SANNY STATTFINDEN, EINE ANGESAG-TE POP-UP-LOCATION. DOCH DER SCHAUSPIELER SAMT FOTOGRAF STANDEN VOR VER-SCHLOSSENER TÜR.

Das Restaurant Mani musste als Ausweichmöglichkeit herhalten – keine schlechte Alternative. Vielleicht fragen Sie sich, was er auf dem Foto im Glas hat? Einen Riesling. Und gegessen? Gestippt im Rote-Bete-Salat, ein biss-chen vom Stubenküken. Es musste mit den Fotos schnell gehen. Berlin-Mitte kann schon mal anstrengend sein.

Der Schauspieler, der gerade von Dreharbeiten für einen Tatort aus Hamburg zurückgekommen ist, lebt in Char-lottenburg. Und behauptet von sich, er würde sich eher in seinem Kiez auskennen als in der ganzen Stadt.

„Ich bin innerlich eher der Bauer als der Kosmopolit." Schenk erklärt damit, dass er den langen Atem schätzt und nicht die kurzfristigen Reize. Michael Schenk ist eher Berliner als Osnabrücker. Er lebt bereits seit über 20 Jahren hier. Und das mit dem Bauer ist eine philosophische Interpretation seiner Verwurzelung in der Stadt, in der Arbeit, in der Lebensweise. „Rituale sind mir sehr wichtig", sagt der Mann mit der hohen Stirn, die vielleicht dazu beige-tragen hat, dass ihm schon zum zweiten Mal die Rolle des Kaiser Wilhelm II angeboten wurde. „Ich bin wohl für das Fach Hohenzollern abonniert," meint der Schauspieler. Man trifft ihn regelmäßig auf dem Markt bei ihm um die Ecke. „Schöne Birnen" hätte er eingekauft. Und ihm schwebt ein Gericht mit Blauschimmelkäse vor. Aber gerade Birnen sind ein schwieriges Thema. Mal sind sie saftig genug, mal müssen sie angedünstet werden. „Mit Kümmel habe ich sie auch schon mal probiert, auch nicht schlecht." Der Mann ist diszipliniert. Seine Antwort auf die Frage, ob er denn auch für sich allein kocht: „Ich koche für mich ein Vier-Gänge-Menü." Das mit dem Einkauf sei so eine Sache, erklärt der Schauspieler dann, und dass er sich vom Angebot inspirieren ließe: „Ich komme immer mit der-selben Menge an Tüten nach Hause. Das würde auch für eine Kleinfamilie reichen."

Geht er gern aus? Der Karawane würde er nicht hinterherziehen, sagt Michael Schenk, aber den Pauly Saal und The Cosher Classroom fände er spannend. „Neukölln und die ganzen neuen Adressen – da habe ich manchmal das Gefühl, dass ich dafür zu alt bin." Aber gerade das schätzt er an Berlin, diese Mischung aus abgerockt und andererseits Establishment, die Mischung aus Institutionen und vorübergehenden Orten. „Vor ein paar Tagen bin ich am Café am Neuen See vorbeigegangen und habe da die Eisbahn für Stockschießen entdeckt. Daneben offenes Feuer – Glühwein gibt es zu trinken." Dieses ländlich-bayrische Flair gefällt ihm und ist seiner Meinung ein Zeichen dafür, dass in der Stadt mehr Geld als früher vorhanden sei.

Der Mann, der in dem Kinofilm „Die Vermessung der Welt" zu sehen war, mag beim Essen gerne „Klarheit" und die fände er im Restaurant Stadt Land Fluss, übrigens in Prenzlauer Berg, und auch die Küche vom Margaux in Mitte schätzt er sehr und vor allem, dass Michael Hoffmann sein eigenes Gemüse anpflanzt. Und wenn er mal was trinken geht, dann in den Würgeengel oder in die Weinbar von Otto Rink – beides in Kreuzberg. Alles Ad-ressen außerhalb von Charlottenburg. Wer ist also der Bauer und wer der Kosmopolit?

Michael Schenk

Schauspieler

Fleischlos im Hinterhof. Stephan Hentschel ist immer noch der erste und einzige Küchenchef eines vegetarischen Clubrestaurants. Mit ihm ist ein ambitionierter Koch in das Techno-Epizentrum im Bezirk Mitte gekommen. Stephan Hentschel versteht es, aus Blumenkohl und Linsen, aus Mangold und Mungobohnen das Beste herauszuholen. Die Küche des 30-Jährigen ist saisonal geprägt, die Zutaten kommen überwiegend aus der Region. Und: er kultiviert einen Kräuter- und Gemüsegarten auf dem Dach vom Cookies, einem der berühmtesten Clubs der Stadt.

Während unten die DJs mit den Plattentellern jonglieren, spielt Hentschel ein Stockwerk darüber mit den verschiedensten Aromen, die er zu überraschenden Gesamtkunstwerken zusammenfügt: Parmesanknödel mit Korianderkarotten in Amalfi-Zitronensud, Mangoldwickel mit Kartoffel-Senf-Ragout, Staudensellerie und Gurken oder Salatspitzen mit Apfel-Zwiebel-Nocken, Pekannusskrokant und Rattenschwanz. Letzterer ist eine kleine grüne Schote, die optisch an eine Peperoni erinnert, im Geschmack aber ihre Verwandtschaft mit dem Radieschen nicht verleugnen kann. „Bei all meinen Gerichten gibt es nie mehr als drei Grundprodukte, die den Geschmack ausmachen", sagt Hentschel. „Aber ich habe immer einen kleinen Gag darin, Risotto ohne Reis zum Beispiel." Puristisch modern, mit regionalen Einflüssen, so beschreibt Stephan Hentschel seine Küche. „Da ich selbst sehr gerne Fleisch esse, versuche ich vegetarische Küche anzubieten, die die üblichen Pasta- und Tofugerichte hinter sich lässt und bei der selbst Fleischesser nichts vermissen." Dass ihm das gelingt, hat sich längst herumgesprochen. Deshalb sollte man vor dem Besuch des Restaurants unbedingt reservieren. Vor allem dienstags, donnerstags und samstags, wenn auch der Club öffnet. Dann nämlich ist im Cookies die Hölle los.

Stephan Hentschel

Cookies Cream

IN ROTE BETE SAFT POCHIERTES LANDEI, KERBELCREME, CHUTNEY

Rezept für 4 Personen

Chutney

6	Rote Bete
	Grobes Meersalz
	Rosmarin
	Thymian
	Alufolie
200 ml	Rote Bete
	Salz
	Sancho-Pfeffer
	Balsamicoessig

Kerbelcreme

1	Stange Lauch (das Weiße)
2	Schalotten
1	Kartoffel
1	Löffel Butter
100 ml	Weißwein
200 ml	Brühe
200 ml	Sahne
200 g	frischer, geputzter und gewaschener Kerbel

Rote Bete waschen und trocken. Rote Bete jeweils mit einem Teelöffel Meersalz, ein Zweig Rosmarin und ein Zweig Thymian in Alufolie einschlagen und bei 120 °C 2–3 Stunden fertig garen. Mit einem Zahnstocher reinstechen und schauen ob es weich ist. 2/3 der Rote Bete würfeln. 1/3 mit Saft einkochen und pürieren. Alles vermischen und mit dem Pfeffer, Salz und Balsamicoessig abschmecken. Schalotten, Kartoffel, Lauch klein schneiden und mit Butter anschwitzen.

Mit Weißwein ablöschen und Brühe aufgießen, alles weich kochen. Sahne dazugeben und mit dem Kerbel in einem Mixer mixen. Zum Schluß alles durch ein feines Haarsieb passieren und mit Salz abschmecken.

Knusperblatt
Frz. Brickteig in Dreiecke schneiden, mit Eiweiß einpinseln und mit Zwiebelsaat bestreuen. Auf ein Blech setzen und bei 180 °C knusprig backen.

Pochierte Landeier
Landeier nach und nach in 1 Liter Rote Bete pochieren.

KARTOFFELTARTE GEFÜLLT MIT CARDONCELLIPILZEN, WILDKRÄUTERN, JUS

Rezept für 4 Personen

Kartoffeltarte gefüllt
    4 Celinakartoffeln
    2 Jumbokartoffeln
      Butter
      Salz, Muskat

Pilze
1 kg Cardoncellipilze oder
      Kräutersaitlinge
    2 Schalotten
      Öl, Butter, Salz, Pfeffer

Jus
    3 Karotten
    1 Sellerie
    3 Zwiebeln
      Rotwein
      Tomatenmark
      Portwein rot
      Balsamico dunkel
      Lorbeer, Piment
      schwarzer Pfeffer
      Fenchelsaat
      getrocknete Steinpilze
      Salz, Pfeffer, Zucker

Kartoffeltarte Aus den Cellinakartoffeln ein Püree zubereiten, nur mit Salz, Butter, Muskat, ohne Milch. Jumbokartoffeln schälen und auf der Aufschnittmaschine in dünne Scheiben schneiden. Mit flüssiger Butter übergießen und eine Tarteform mit den Kartoffelscheiben rosettenförmig auslegen. Das Püree in die Tarteform geben und mit der Kartoffel einschlagen. Bei 170 °C die Tarte 20 Minuten in den Ofen schieben. Abkühlen lassen, aus der Form nehmen. Beidseitig anbraten und noch mal 5 Minuten im Ofen fertig garen.

Pilze Putzen und schneiden, anschließend mit Öl anbraten, Schalottenbrunoise und Butter dazugeben, glasig schwitzen. Zum Schluss mit Salz und Pfeffer abschmecken.

Jus Die gleiche Menge Sellerie, Karotten und Zwiebeln würfeln. Erst die Karotten und den Sellerie anbraten. Wenn alles Farbe bekommen hat, die Zwiebeln dazugeben und weiter rösten, damit Röststoffe entstehen. 1 Löffel Tomatenmark einrühren und kurz mitrösten. Alles mit Rotwein ablöschen, einkochen und mit Wasser aufgießen. Lorbeer, Piment, schwarzer Pfeffer, Fenchelsaat, getrocknete Steinpilze dazugeben und alles gut durchkochen (ca. ½ Std.). Passieren und reduzieren. Etwas Zucker karamellisieren, mit Portwein und Balsamicoessig ablöschen. Mit der Reduktion und Salz die Sauce abschmecken.

Wenn, dann etwas Neues!

Zwei Gastronomen, ihre Ideen, die Umsetzung und ihr Spaß dabei.

Es sind zwei völlig unterschiedliche Charaktere. Axel Burbacher ist der coole, der ruhige und konzentrierte Typ, Guan Guanfeng ist ständig in Bewegung. Ist der Körper mal im Ruhezustand, setzt die Mimik ein und man kann nur erahnen, wie es in ihm arbeitet. Burbacher und Guanfeng sind gastronomisch gesehen ein kongeniales Paar. Sie sind seit geraumer Zeit Partner im Yumcha Heroes, ein Restaurant, das Dim Sums, also Teigtaschen, anbietet.

Angefangen hat die Freundschaft des Süddeutschen und des Nordchinesen im Toca Rouge in der Torstraße. Dort hat Guanfeng angefangen, den Berlinern zu zeigen, wie gut chinesische Schnell-Küche sein kann. Innerhalb weniger Wochen hatte der kleine, unscheinbare Laden, der von Mao bewacht wird, seine Kundschaft gefunden. „Ich bin dort oft zum Essen gewesen. So haben wir uns angefreundet. Wir haben viel miteinander geredet. Erst über unseren Job, die Gastronomie, über Verbesserungen. Und dann eben auch privat", so Burbacher.

Beide sind gastronomisch in Mitte fest verwurzelt – mit dem Café Galão und den beiden hippen China-Restaurants Toca Rouge und Yumcha Heroes. Ihr neuestes Projekt ist wieder ein China-Restaurant, aber dieses Mal nicht in Mitte, sondern im Kreuzberger Wrangelkiez. „Vor zehn Jahren hätte das hier nicht funktioniert", sagt Guan Guafeng, doch inzwischen sei die Akzeptanz für anspruchsvolle Gastronomie in Kreuzberg größer geworden. Der Kreuzberger sei ehrlich und zeige sich gern so, wie er ist – auch im Long March Canteen. Hier soll und darf jeder sein, wie er will. Es gibt keinen Dresscode, lässiger Stil ist das Prinzip und das Duzen der Gäste auch.

Und schon sprechen beide schon wieder über neue Pläne. In der Dunckerstraße wird es eine Dim-Sum-Manufaktur geben – und im Verkaufsraum der ehemaligen Fleischerei kann man sie auch gleich verspeisen. Und Guanfeng träumt von einem chinesischen Restaurant der Oberklasse und hat sich bereits nach einer guten Adresse rund um den Gendarmenmarkt umgesehen. Mit Burbacher und Guanfeng ist auf jeden Fall in den nächsten Jahren zu rechnen – immer mit neuen Ideen.

Long March Canteen

Guan Guanfeng, Axel Burbacher

SHANGHAI DUMPLINGS

**Zutaten für 4 Personen
(pro Person 4 Dumplings)**

Teig
250 g Weizenmehl
300 ml handwarmes Wasser

Füllung
300 g Schweinebauch im
    Fleischwolf zerkleinert
    oder fein gehackt
1 TL Kartoffelmehl
1 TL Salz
1 Tasse warmes Wasser
1 TL Austernsauce
1 daumengroßes Stück
    Ingwer, sehr feine
    hackt
5 Wasserkastanien, fein
    gehackt

Für die Füllung
Alle Zutaten in eine große Schüssel geben und so lange von Hand vermischen, bis das Fleisch das Wasser aufgesogen hat und eine homogene Masse entsteht. Kühl stellen.

Für den Teig
Das Wasser langsam dem Mehl zugeben und so lange kneten, bis ein zäher Teig entsteht. 1 Stunde ruhen lassen, dann erneut kräftig durchkneten. Den Teig zu einer Wurst rollen (ca. 2,5 cm Durchmesser), ca. 3 cm lange Stücke abschneiden und mit dem Handballen platt drücken. Mit dem Nudelholz dünn rollen, ca. 10 cm Durchmesser je Stück – wie ein kleiner Pfannkuchen. Die Pfannkuchen einzeln auf die Handfläche legen, einen halben Esslöffel Füllung daraufgeben. Im Uhrzeigersinn den Rand von außen mit 2 Fingern zusammendrücken, bis sich der Kreis geschlossen hat. Perfekt sind die Dumplings mit 18 Falten. Geduld!

Die fertigen Dumplings im Bambuskörbchen (je 4 Stück) im heißen Wasserdampf ca. 8 Minuten dämpfen. Am besten ein Bananenblatt unterlegen, damit sie nicht festkleben. Servieren mit chinesischem Essig und frischem Ingwer (klein geschnitten im Essig).

Sehr heiß servieren!

GEBRATENE JAKOBS-
MUSCHELN AUF FRISCHEM
SEIDENTOFU

Den Seidentofu in acht gleiche mundgerechte Quader
schneiden (ca. 3 x 3 x 2 cm). Zur Seite stellen.

Die Butter in einer Pfanne erhitzen, die Jakobsmuscheln auf beiden Seiten kurz
anbraten. Den Seidentofu auf acht chinesischen Porzellanlöffeln anrichten, die
Jakobsmuscheln darauf vorsichtig platzieren. Mit Chilisauce beträufeln und mit
der gehackten Lauchzwiebel garnieren. Etwas Sojasauce auf den Löffel geben
und mit einem Happs genießen.

Rezept für 4 Personen

1 Paket japanischer
  Seidentofu
8 Jakobsmuscheln, das
  weiße Fleisch davon
1 gehackte Lauchzwiebel
  Chilisauce
  Helle Sojasauce
1 TL Butter

Der Idealist

**Björn Moschinski kocht exzellent –
ohne Fleisch**

Was machen Veganer als Erstes, wenn
sie nach Berlin kommen? Sie gehen ins
Kopps. Björn Moschinski ist ein internationaler Star auf diesem kulinarischen
Gebiet. Er hat sich auf deutsche Küche
spezialisiert und verwendet als Fleischal-
ternative Sojaeiweiß, das hat eine festere
Konsistenz als Tofu. „Bei den meisten
Fleischgerichten kommt es hauptsächlich
auf die Zubereitung und die Gewürze an.
Wenn das stimmt, schmeckt man kaum
noch einen Unterschied zwischen echtem
und Sojafleisch, verrät der Autodidakt,
dem es als Veganer in Deutschland ver-
wehrt bleibt, eine klassische Kochausbil-
dung zu absolvieren. Es gibt in Berlin derzeit keinen besseren Ort als das Kopps,
um als Veganer der deutschen Küche so
nah zu kommen.

Kopps. Restaurant & Bar.
Björn Moschinski

GEBRANNTER KÜRBIS MIT ROSMARINPARFAIT UND SCHWARZEN JOHANNISBEEREN

Rezept für 8 Personen

- 1 Rosmarinzweig
- 2 EL Zucker
- 4 EL Wasser
- 300 ml Sojasahne aufschlagbar
- 150 g Schwarze Johannisbeere
- 75 ml Wasser
- 40 g Zucker
- 10 g Tapiokaperlen
- 1 Prise Salz
- ¼ Muskatkürbis
- 80 g brauner Zucker

Den Rosmarin zupfen und mit einem Messer klein hacken. Eine Pfanne erhitzen, den gehackten Rosmarin darin leicht erhitzen, damit sich das Aroma entfaltet, den Zucker und das Wasser dazugeben, aufkochen und abkühlen lassen. Die Sahne in einen Schlagkessel geben, steif schlagen und die Rosmarin-Zucker-Mischung vorsichtig unterheben. Einen geeigneten Behälter mit Klarsichtfolie auslegen und die geschlagene Masse in die Form streichen. Zum Aushärten für mindestens 2 Stunden in die Gefriertruhe geben.

Die Johannisbeeren mit dem Wasser, Zucker und den Tapioka-Perlen in einem Topf bei mittlerer Temperatur einköcheln lassen, bis die Masse leicht bindet und die Perlen glasig sind. Mit etwas Salz abschmecken.

Den Kürbis entkernen, in sehr feine Streifen schneiden und auf dem Teller anrichten. Das Rosmarin-Parfait aus dem Tiefkühlschrank nehmen und in Portionen schneiden.

Direkt vor dem Servieren den Zucker auf dem Kürbis verteilen und mit einem Brenner karamellisieren. Sofort danach die restlichen Zutaten auf dem Teller anrichten und servieren.

WALDPILZROULADE

Crêpe

Für den Crêpe das Mehl mit der Stärke, Kurkuma und dem Backpulver in eine Schüssel sieben. Das Salz dazugeben und mit einem Schneebesen die Milch unterrühren, bis ein glatter Teig entstanden ist. Die Petersilie waschen, trocknen und grob hacken. Diese unter den glatten Teig mischen und mit frisch geriebenem Muskat, Salz und Pfeffer abschmecken. In einer beschichteten Pfanne das Öl erhitzen und bei mittlerer Temperatur etwa 175 ml des Teiges in die Pfanne geben, glatt streichen und ausbacken. Die Crêpes auskühlen lassen, mit der Füllung bestreichen und eine Roulade formen.

Füllung

Die Wald- und Steinpilze putzen und in grobe Stücke schneiden. Die Schalotten pellen und in feine Würfel schneiden. Das Öl in einer Pfanne erhitzen. Die Knoblauchzehe anpressen und ungeschält im Öl andünsten. Die Zehe sofort entfernen, sobald diese Farbe bekommt. Die Pilze bei hoher Temperatur anbraten. Sobald die Pilze Farbe bekommen, die Schalottenwürfel, Rosmarin und Thymian dazugeben und mit anbraten. Mit Salz, Pfeffer und Cayenne abschmecken und alles mit einem Mixer fein pürieren. Mit einem Schuss Sojasahne abschmecken und abkühlen lassen.

Rezept für 8 Portionen

Für den Crêpe
250 kg Weizenmehl – Type 505
½ EL Speisestärke
1 Prise Kurkuma
1 Prise Weinstein Backpulver
½ TL Salz
450 ml ungesüßte Sojamilch
¼ Bund glatte Petersilie
Muskat, Pfeffer
1 EL Albaöl
1 EL Rapsöl

Für die Füllung
400 g gemischte Waldpilze
100 g Steinpilze
2 Schalotten
2 EL Rapsöl
1 Knoblauchzehe
½ Zweig Rosmarin
2 Zweige Thymian
Salz, Pfeffer
Cayennepfeffer
50 ml Sojasahne

Rauchzeichen

Anna Lai und Tobias Bürger sind Pioniere, was das Smoked Barbecue betrifft

Schon allein der Mut und die Ausdauer sind bewundernswert. Denn Anna Lai und Tobias Bürger haben in Amerika diesen speziellen Smoker entdeckt, genauer gesagt in Tennessee, wo er herge- stellt wird. Und sie sind den langen bürokratischen Weg durch alle Instanzen gegangen, um ihn nach Deutschland zu bringen. Und jetzt steht der Smoker in Berlin, in der Kreuzberger Markthalle IX. Wer einmal das Kotelett, die Rinderbrust oder die Schweineschulter probiert hat, kommt garantiert immer wieder. Die trocken marinierte Rinderbrust wird in der heißen, rauchigen Luft rund 12 Stunden gegart, während das Kotelett gerade mal 50 Minuten benötigt, um zart und saftig serviert zu werden. Die Schulter kann mit den Händen auseinandergezupft, der Schweinebauch sogar gelöffelt werden. Das alles wird im Brötchen oder auf dem Alutablett mit Sauerkraut, Gurke, Kartoffeln und Saucen serviert.

Anna Lai und Tobias Bürger

Smoked Barbecue, Markthalle IX

SAUCEN

Vor gerade mal drei Jahren startete Thomas Eckart mit seiner Saucenmanufaktur in Friedrichshain. Und auf jedes Tablett von BSSB – Big Stuff Smoked Barbecue – in der Kreuzberger Markthalle gehören drei davon. In Orange: Die süßscharfe Mangosauce. In Rot: die scharfe Grillsauce.
In Schwarz: die rauchig süßliche Steaksauce.

FLEISCH

Die dunkle, trocken eingelegte Rinderbrust in zarten saftigen Streifen wird elfeinhalb Stunden
im Rauch von Eichenholz gegart. Die helle, fasrige Schweineschulter kommt zwölfeinhalb Stunden in den Rauch von Erlenholz.Das weiche Stück Schweinebauch wird in 14 Stunden im Rauch
von Eichenholz zum Genuss.

GEMÜSE

Auch die Kartoffel der Sorte Laura kommt eine Stunde in den Räucherofen. Die Gürkchen kommen aus dem Spreewald und werden von Avishay Cohen eingelegt. Der Coleslaw wird von Anna
Lai und Tobias Bürger selbst zubereitet - die Rezeptidee kommt von Sophie von Oswald. Der Salat ist eine bunte Mischung von Apfeltraum.

Die Sammlerin von Essfreuden

Sabine Hueck ist Gastgeberin, Köchin, Buchautorin und Rezepte-Forscherin

Wer einmal bei ihr zum Essen eingeladen wurde, will immer wieder kommen. Wer einmal ihre Rezepte ausprobiert hat, für den ist Kochen etwas einfacher und gleichzeitig etwas Besonderes geworden. Ihr Geheimnis? „Gewürze! Die verwende ich nach einem uralten Familienrezept, das unter sieben Siegeln gehütet wird."

Sabine Hueck ist mit exotischen Früchten und süßer Backkunst aufgewachsen. Ihre Großmutter hatte in Brasilien eine berühmte Konditorei und ihr Großvater war Forscher. „Deshalb auch meine kräftigen Waden", Sabine Hueck erklärt lachend, dass sie stundenlang durch die Urwälder gestreift ist, um seltene Pflanzen und einfache Lebensweisen zu erforschen. Bis heute ist der Forscherdrang geblieben. Dabei sind es nicht nur weit entfernte Ziele wie Vietnam, die kulinarisch erforscht werden. Sabine Hueck findet auch in ihrem direkten Umfeld immer wieder neue Rezepte. So schätzt sie die Backrezepte der DDR sehr, mit denen Bäcker mit viel Improvisationskunst zu großartigen Ergebnissen kommen. Und überall, wo neue Lebensmittel, Food-Stände oder innovative Ideen in Sachen kulinarischen Genusses entstehen, ist sie anzutreffen.

Wie würde sie ihren eigenen Küchenstil benennen? „Meine Küche ist angelehnt an die Vielfalt der frischen Küche aus São Paulo. Als die Immigranten aus Japan, Italien, Syrien, Libanon oder Deutschland dorthin auswanderten, mussten sie mit neuen Methoden und Zutaten kochen". Sie leitet ein Catering-Unternehmen, gibt nebenbei Kochkurse und schreibt Kochbücher. Wenn man sie darauf anspricht, bricht die Begeisterung aus ihr heraus: „Das Gefühl, die Ergebnisse aus meinen gastronomischen Reisen und die damit verbundenen Kocherlebnisse anderer Menschen zugänglich zu machen, ist einfach unbezahlbar!"

Sabine Hueck
World Cuisine

KREOLISCHE ERBSEN-SUPPE MIT GERÖSTETEM SERRANOSCHINKEN

Für 4 Personen als Suppe oder in kleineren Portionen in Gläsern serviert

2 EL Butter
1 Zwiebel, grob gehackt
2 Korianderwurzeln mit Stängel
300 g TK-Erbsen
½ Glas Weißwein
75 g Feldsalat (oder andere Blattsalate)
500 ml Gemüsebrühe
200 ml Sahne
1 Stengel Zitronengras, längs durchgeschnitten
Limette, Cayenne oder Chilipulver, Salz und Pfeffer

2–3 Scheiben dünner Serrano-schinken

Butter zerlassen. Zwiebel und Koriander andünsten.
Mit Weißwein ablöschen, dann die restlichen Zutaten dazugeben. Zum Kochen bringen, anschließend die Hitze reduzieren und 10 Minuten köcheln lassen. Die Zitronengrasstange herausfischen und die Suppe pürieren. Mit Limettensaft, Cayenne oder Chilipulver, Salz und Pfeffer abschmecken. Es wird noch feiner, wenn man die Suppe durch ein Sieb passiert.

Vom Serranoschinken ca. 2 x 6 cm große Stücke abreißen oder schneiden und in einer Pfanne fettfrei von beiden Seiten rösten, bis er knusprig ist.

KNUSPRIGER ZANDER IM KARTOFFELMANTEL MIT RHABARBER-SALSA

Rezept für 4 Personen als Vorspeise

400 g dickes Zanderfilet ohne
    Haut und Gräten
2 festkochende Kartoffeln
    (am besten große Sorten)
    Ghee oder Butter-
    schmalz
    Salz und Pfeffer

Etwas Salat mit Dressing zum
Anrichten

Rhabarber-Salsa
50 g Rhabarber, geschält,
    geschnitten,
½ TL Zucker
2 EL Wasser
    ¼ Knoblauchzehe
    1 entkernte mittelgroße
    Tomate
    ½ entkernte Chilischote
    1 dicker Koriander-Zweig,
    davon nur die Wurzel
    und die Stängel
½ TL Salz

Fisch portionieren (s. Tipp unten), (6–8 cm Seitenlänge, 2,5 cm Durchmesser im Quadrat), mit Salz und Pfeffer würzen. Kartoffeln waschen, schälen und mit dem Julienne-Schäler feine längliche Streifen abschälen. Die Kartoffelstreifen der Länge nach kräftig mit der geschlossenen Faust an den Fisch andrücken. (Sie dürfen ruhig über den Zander hinausragen, die Stärke hält sie zusammen). In einer schweren Pfanne mit dickem Boden etwas Ghee oder Butterschmalz zerlassen, sodass der Boden gut bedeckt ist, und den Fisch rundum goldgelb knusprig anbraten. Öfters wenden und die Kartoffelstreifen andrücken, damit sie gut am Fisch haften. Aus der Pfanne nehmen, auf Küchenpapier abtropfen lassen, salzen und sofort servieren. Sollten über den Fisch hinausragende Streifenenden zu dunkel werden, einfach die Enden kappen.

Variation: Kartoffel und Süßkartoffelstreifen mischen.

Tipp
Schneiden Sie ggf. vom Zanderfilet zunächst die dünneren Teile ab, sodass Sie ein gleichmäßig dickes Filet vor sich haben. Schneiden Sie es dann längs in 2 bis 2,5 cm breite Streifen von 6–8 cm Länge, oder in der Länge der Kartoffelstreifen.

Zubereitung Rhabarber-Salsa
Rhabarber mit Zucker und Wasser in einem Topf bei geschlossenem Deckel weich dünsten. Die anderen Zutaten grob hacken und mit dem Rhabarber pürieren und anschließend durch ein Sieb streichen.

Familiäres Küchenevent

In Kavita Meelus Supper-Club geben die Großmütter den Ton vor

„Die Idee hinter Mother's Mother ist, den Großmüttern, die unseren Geschmack und unser kulinarisches Erbe geprägt haben, Respekt zu zollen", erklärt Kavita Meelu, die Gründerin des Supper-Clubs. Die Tochter indischer Eltern kam der Liebe wegen aus London nach Berlin. Und ihr Konzept ist aus der hiesigen Supper-Club-Bewegung nicht mehr wegzudenken. Einmal im Monat finden ihre Dinnerveranstaltungen statt. Jedes Mal kocht ein anderer internationaler Koch ein Fünf-Gänge-Menü, entweder inspiriert von einem Gericht oder einem gemeinsamen Moment mit der Großmutter. Kavita Meelu verbindet das Beste aus beiden Welten: raffinierte Gerichte, von guten Köchen zubereitet wie im Restaurant, dazu die intime Atmosphäre eines Essens im Freundeskreis. Und wie entwickelt sich die Supper-Club-Bewegung in Berlin? „Die wird es weiterhin geben mit einem noch größeren Angebot. Die Berliner sind für neue und authentische Küche aufgeschlossen, und die kann man in den Supper Clubs am besten und günstigsten probieren."

Lauren Lee und Kavita Meelu im „the parlours dinners", Berlin

Mother's Mother

Kavita Meelu

MOOL-NAENG-MYUN

Für 4 Personen

250 g Mool-naeng myun
Nudeln (koreanische
Buchweizennudeln)
Butter
½ Päckchen Rinderbrühe
125 ml Hühnerbrühe 125 ml
125 ml Kimchi-Lake (Glas)
2 Esslöffel Reisessig
koreanischer Senf
½ Nashi-Birne, geschält,
in dünnen Scheiben
½ gestiftelte Gurke
2 EL gehacktes Kimchi
1 weichgekochtes Ei
2–3 Eiswürfel
Salz
Zucker

Kimchi

1 Chinakohl, in mundge
rechte Stücke geschnitten
1 Rotkohl, in feine Stücke
geschnitten
160–200 g Salz
4 Äpfel, geschält,
in mundgerechte Stücke
geschnitten
Kimchi-Paste

Kimchi Paste

40 g Reismehl
450 ml Wasser
65 g Kochugaru
(koreanisches Chilipulver)
2 EL Zucker
125 ml Fishsauce
1 geriebener Apfel
1 pürierte Zwiebel
10 gehackte oder pürierte
Knoblauchzehen
3 EL pürierter oder
gehackter Ingwer
6–8 frische Austern (optional)
1 Bund gestiftelte Zwiebeln
½ Daikkon-Radieschen
oder 1 Kohlrabi,
fein gestiftelt

Wörtlich übersetzt heißt das Gericht Wasser kalte Nudeln. Es kommt aus Nordkorea, erfreut sich aber in letzter Zeit auch in Südkorea zunehmender Beliebtheit. Durch die gekühlte Brühe eignet es sich besonders im Sommer.

Für die Brühe die Rinder- und Hühnerbrühe mit der Kimchi-Lake vermengen. Mit Salz und einer Prise Zucker würzen. Zum Abkühlen in den Kühlschrank stellen. In einem großen Topf Wasser zum Kochen bringen und die Nudeln nur 3–4 Min. lang kochen lassen. Die Nudeln sollten noch bissfest sein. Nach dem Kochen sofort herausnehmen und dreimal mit kaltem Wasser abschrecken. Die Nudeln ein paar Minuten lang im Sieb ziehen lassen bis das restliche Wasser abgeflossen ist.

Eine große Handvoll Nudeln in eine Edelstahlschüssel geben, die Nashi-Birne, Gurke, Kimchi, Ei und Eiswürfel dazugeben. In der Brühe schmelzen lassen bis die Nudeln zu ¾ mit Flüssigkeit bedeckt sind. Essig und koreanischen Senf dazugeben. Die Stäbchen zur Hand nehmen und die Nudeln mit einem langen, befriedigten Schlüüürf-Geräusch einnehmen.

KIMCHI

Den Chinakohl und Rotkohl in getrennten Schüsseln salzen und vermengen. Ungefähr 80–100g Salz pro Kopf verwenden. 2–3 Stunden ziehen lassen (Rotkohl eher 6–8 Stunden). In der Zwischenzeit die Kimchi-Paste zubereiten, die Äpfel schälen und schneiden. Zwischendurch ein Stück Kohl probieren, um zu kontrollieren, ob das Salz schon eingezogen ist. Ist es noch salzig nachdem, es mit Wasser abgewaschen wurde und die Blätter welk sind, ist der Kohl bereit für das Kimchi. Salzwasser abgießen. Eine Tasse Salzwasser aufheben und zur Seite stellen. Den Kohl zweimal mit kaltem Wasser abwaschen und abgießen. In 2 großen Schüsseln die Hälfte der Kimchi-Paste und Apfelstücke zum Kohl geben und mit den Händen vermengen. Meine Großmutter und alle älteren koreanischen Muttis auf der Welt verwenden ihre Hände, aber Ihre Hände werden stinken also würde ich Plastikhandschuhe verwenden. Das fertige Kimchi in ein kleines Glas geben und festdrücken, so dass keine Luft dazwischen kommt. Oben ein bisschen Platz lassen, weil der Kohl sich ausdehnen wird. Mit Salzwasser auffüllen.

Kimchi Paste
Mehl und Wasser bei mittlerer Hitze in eine kleine Pfanne geben. Ständig umrühren, damit sich keine Klumpen bilden. Wenn die Mischung anfängt aufzukochen und sich verdickt, die Pfanne vom Herd nehmen, Zucker dazugeben. Gut vermischen und abkühlen lassen. Sobald die Mischung abgekühlt ist, den Rest der Zutaten dazugeben. Chilipulver und Fischsauce nach Bedarf. Ich gebe gerne frische Austern dazu, weil sie einen schön salzigen Geschmack verleihen. Wenn am Ende ein bisschen Paste übrig bleibt, kann man sie im Kühlschrank in einem kleinen Glas aufbewahren. Das lässt sich gut als Dip für Gemüse.

Dieses Rezept stammt von Lauren Lees Großmutter, zu deren Ehren ein Mothers Mother Dinner stattfand.

Die koreanische Version von Sauerkraut ist ein „must-have" für jeden echten Koreaner. Mein Papa sagt immer, er wird so lange leben, wie er zwei Dinge hat: Eine Schüssel Reis und ein Glas Kimchi. Es gibt so viele unterschiedliche Kimchi Rezepte wie koreanische Großmütter. Ich habe diese Version für eine schnellere Gärzeit als die traditionelle Version konzipiert, denn für die bedarf es eigentlich Porzellanschüsseln, die tief in der Erde vergraben werden. Ich habe roten Kohl verwendet, eine Anspielung auf deutschen Rotkohl. Der rote Kohl macht sich ausgezeichnet als Kimchi und ist dazu noch schön anzusehen.

Ein Biss Vietnam

Paul-Philip Krengel und Moritz Düttmann haben das vietnamesische Baguette importiert

Es gehört zu den kulinarischen Entdeckungen in Berlin. Auch wenn einige die Stirn runzeln werden, wenn sie von vietnamesischen Baguettes hören. Doch die Banh Mi, so wird diese Spezialität genannt, schmecken einfach köstlich. Die Jungs von Babanbè, so heißt der puristisch eingerichtete Laden am Oranienplatz, belegen die fluffig und zart-kross gebackenen Baguettes beispielsweise mit Roastbeef und immer mit eingelegtem Gemüse und frischer Gurke. Während man früher nach Kreuzberg pilgern musste, um dieses Überbleibsel der französischen Kolonialzeit zu genießen, findet man die Baguettes inzwischen auch in Mitte. Dort hat das Team vom Babanbè eine zweite Adresse eröffnet. Nicht nur die Räume sind größer, auch das Speiseangebot wurde erweitert – um Suppen und Salate.

Babanbé

Paul-Philip Krengel
Catharina Schmid
Moritz Düttmann

DAS BAGUETTE

Es ist eine Sonderanfertigung und die Rezeptur ein Geheimnis. In dreimonatiger Experimentierphase wurde eine spezielle Mischung aus drei Mehlsorten gefunden, die den Anforderungen der Babanbé-Gründer an die vietnamesische Spezialität entsprach: außen eine feine Kruste und innen luftig.

DO CHUA

Auf jedes Banh-Mi kommen selbst eingelegte Karotten und Daikon-Rettich. Das sorgt für eine leicht säuerliche Note. Geschnittene Karotte und Daikon wird gesalzen, gewaschen und danach in Wasser, Reisessig und Zucker eingelegt. Muss mehrere Tage ziehen bevor es verwendet wird.

BUGSTÜCK VOM NEUZELLER SCHWEIN

Die Schweineschulter wird acht Stunden im Ofen gegart, anschließend auseinandergezupft und in einer selbst gemachten Barbecue-Sauce mariniert. Das Bugstück wird scharf angebraten und danach übernacht (min. 8 Std) bei sehr niedriger Hitze in BBQ Sauce geschmort. Danach ist es so zart das man es zerzupfen kann. Dieses wird nun wiederum in BBQ Sauce eingelegt.

CHILI-LIMETTENMAYONAISE

Ein paar Spritzer Chili-Limetten-Mayonnaise dürfen nicht fehlen, ebenfalls wichtig sind fein geschnittene Frühlingszwiebeln und je nach Wunsch mehr oder weniger frischer Chili, außerdem Gurkenscheiben und Koriander. Frisches Eigelb, Bird-Eye Chili, frischer Limettensaft, Salz, Reisessig, Dijonsenf und Sonnenblumenöl.

BBQ SAUCE PULLED PORK

Frisch gepresster Orangensaft, karamelisierter brauner und weißer Zucker, Apfelessig, Soja Sauce, Cayenne Pfeffer, schwarzer Pfeffer, Soja Sauce, Rauchsalz und wer es scharf mag Habanero Chili

BERLINER CURRYWURST „DE LUXE"

Wasabi-Thai Curry

200 g	Apfelsaft
1 g	Agar–Agar
10 g	Wasabipulver
3 g	Currypulver „Goa"
1	Chilischote
1	Limone, Saft & Abrieb
	Salz / Zucker

Apfelsaft, Wasabipulver, Chilischote und Limone, Curry „Goa" aufkochen. Mit Agar-Agar abbinden, erkalten und abschmecken

Chilisauce Mexico

8	frisch Feigen
4	getrocknete Feigen
2	Chilischoten „Mulato"
100g	Schältomaten
1	Zimtstange
	Salz & Zucker

Getrocknete Feigen in Wasser 24 h einweichen. Die vier frischen Feigen klein schneiden und mit den getrockneten Feigen, Tomaten, Zimt und Gewürzen kochen. Die Chilischoten trocken anbraten und in der Sauce mit kochen, auskratzen und mit der Sauce fein Pürieren

Tomaten-Kardamom Curry

200 ml	Orangensaft, reduziert
300 g	Schältomaten
80 g	Zwiebeln
8 g	Kardamom
10 g	Currypulver „Madras"
1 g	Agar–Agar
50 g	Ketchup „Heinz"
	Salz & Zucker

Orangensaft auf die Hälfte reduzieren. Schältomaten dazu. Zwiebelwürfel in etwas Öl anschwitzen, Curry, Kardamom dazu geben und mit dem Saucenansatz mischen, aufkochen und abbinden mit Agar-Agar. Passieren und den Ketchup einrühren. Abschmecken.

Habanera-Rauchsalz-Curry

2	Chilischoten „Gjuaillo"
200 g	Rote Zwiebeln
200 ml	Tomatensauce
1	Knoblauchzehe
10 g	Rauchsalz
1 g	Agar–Agar
20 g	Ketchup „Heinz"
10 g	Sojasauce
5 ml	Rübensirup
	Salz & Zucker

Die Chilischoten toasten, danach für 1 Std. dämpfen, auskratzen und mit den Zwiebel anschwitzen. Tomatensauce, Knoblauch fein gehackt und Rauchsalz dazu geben und einmal aufkochen. Abbinden und die Sojasauce und Rübensirup einrühren. Abschmecken.

Apfel-Karotte-Curry

200 g	Karottenpüree
200 g	Apfelpüree
50 g	Tomatensaft
30 g	Currypulver „Jaipur"
1 g	Agar–Agar
1	Zitrone Saft & Abrieb
	Salz & Zucker

Das Karottenpüree und Apfelpüree mit dem Tomatensaft und Currypulver noch warm mischen und mit Agar - Agar binden. Mit Zitrone und Gewürzen abschmecken.

Sweet Dreams

Romantisch, kindlich, illusionistisch

Es war einmal ... ganz, ganz schlimm. Denn die Torten- und Kuchenbäcker mochten die Hauptstadt lange Jahre überhaupt nicht leiden. Denn es gab einen bösen Herrscher namens Industriebäcker, der...

Vorbei, vorbei! Jetzt sind sie überall, die Orte des kurzen süßen Glücks. Diese schnellen Ausreißer aus dem alltäglichen Tagesgeschäft machen den Berliner geschmeidiger. Die Torten- und Kuchenbäcker bauen gewissenhaft und ausufernd an prachtvollen Gebilden süßer Traumwelten. Alles Unerfreuliche wird verbannt. Nach jedem Besuch kehrt man weltverliebt zurück in die Wirklichkeit. Um bald wieder verführt zu werden, zu einer Auszeit garniert mit süßen Träumen aus ... „Eier und Schmalz, Zucker und Salz, Milch und Mehl - Safran macht den Kuchen gehl!" ...

SWING UND PORZELLAN

DJ SWINGIN' SWANEE SAMMELT ANTIKE KUCHENPLATTEN UND KEKSDOSEN

„Spritzdekor erinnert mich an Swingmusik, obwohl es die in den 20er und 30er Jahren in Deutschland gar nicht wirklich gab. Aber die Designs sind voller Bewegung, und an den Stellen, wo sich die Farbe verdichtet, denke ich zum Beispiel an einen Bläsersatz." Der Art-Déco-Salon in der Wohnung von DJ Swingin' Swanee in Prenzlauer Berg ist voller alter Kännchen, Tassen, Kuchenplatten und Keksdosen. Letztere dienen ihr nicht nur zur Aufbewahrung von Gebackenem, sondern kommen auch als dekoratives Behältnis für Spülmaschinentabs oder andere profane Alltagsgegenstände zum Einsatz. Die besten Stücke findet sie bei Ebay oder auf Flohmärkten: „Die in Berlin sind wirklich toll, viel besser als in Hamburg und vielleicht sogar als die in den USA."

Wenn bei ihr gebacken wird, dann meist „Hanseaten", ein typischer Keks aus der Heimatstadt der gebürtigen Hamburgerin, mit Marmeladenfüllung und Zuckerguss. „Die gibt es dort in vielen Konditoreien zu kaufen, in Berlin allerdings gar nicht." Dafür hat die 48-Jährige in den Berliner Cafés Zitronentarte für sich entdeckt. Und den legendären Baumkuchen aus der Konditorei Buchwald. Der traditionelle Laden am Spreeufer im Hansaviertel bringt sie regelrecht ins Schwärmen. Falls es mal nicht süß sein soll, geht sie ins L'Ami Fritz in Mitte oder ins 3 Schwestern in Kreuzberg. Letzteres natürlich bevorzugt, wenn dort gleichzeitig ein Swing-Konzert stattfindet.

„Mein Umzug nach Berlin hat sich 2007 einfach so ergeben. Ich kannte vorher schon viele Leute hier über die Swing-Szene, und die Wohnung habe ich durch Zufall über einen Saxophonisten, den ich hier kennen gelernt habe, bekommen." Ihr nächster Plan: Neben dem Auflegen und der eigenen Radiosendung bei Deutschlandradio Kultur auch wieder eigene Partys veranstalten. Und nebenbei vielleicht die mittlerweile 15 Spritzdekor-Services komplettieren.

Swanee

DJ der Swingszene

Mit Liebe und Sahne

Anna-Maria Wild ist eine leidenschaftliche Bäckerin und geht ganz in ihrer Gastgeberrolle auf.

Treffender als mit dem oben genanten Motto kann man den Charme von Fräulein Wild kaum beschreiben. Damit ihr Traum vom eigenen Café nicht wie eine Seifenblase zerplatzt, hat die Chefin Anna-Maria Wild erst mal Betriebswirtschaft studiert. Doch inzwischen lässt sie ihrer Leidenschaft als Bäckerin freien Lauf. Neben allerlei Süßem von Torten, Törtchen, Cupcakes und Kuchen bis hin zur deftigen Quiche gibt es alles, was sich eben backend herstellen lässt. Fräulein Wild überlegt immer wieder, wie sie ihre Gäste noch glücklicher machen könnte. Deshalb gehört zu ihrem täglichen Angebot auch ein veganer, ein laktosefreier und ein glutenfreier Kuchen, manchmal auch alles in einem.

Rezept
Für die Nussböden
400 g gemahlene Haselnüsse
250 g Zucker
8 Eier

Für die Ganache
500 g Schokolade, Kakaogehalt
mindestens 55%, besser 70%
500 g Sahne
80 g Butter

Für die Dekoration
20 g gehackte Haselnüsse,
geröstet

HASELNUSS-GANACHE-TORTE

Ein genial einfaches Rezept für eine Torte, die viel hermacht und fantastisch saftig und cremig ist. Ein kleines Zusatz-Bonbon: sie ist komplett glutenfrei!

Für die Nussböden vermengen Sie die Zutaten miteinander (Schneebesen) und geben sie in eine 26-cm-Springform, die sorgfältig mit Backpapier ausgekleidet ist. Backen Sie ihn bei ca. 180 °C (Umluft) etwa 40 Minuten oder bis der Kuchen einen dunklen Goldton angenommen hat. Lassen Sie ihn auskühlen und schneiden Sie ihn dann horizontal in zwei Böden.

Für die Ganache - eine klassische Schokoladenmasse - hacken Sie die Schokolade in kleine Stücke, erhitzen die Sahne in einem Topf und würfeln die Butter. Lassen Sie die Sahne einmal kurz aufkochen und gießen Sie in die Schüssel, in der sich die Schokolade befindet. Rühren Sie die Mischung sanft und stetig, bis sie zusammenkommt. Rühren Sie anschließend die Butter unter, sodass Sie eine glänzende Schokoladenmasse erhalten, in der keine Stücke mehr vorkommen. Lassen Sie die Ganache abkühlen (notfalls kurz im Kühlschrank), bis sie nicht mehr flüssig ist, sondern eine cremige Konsistenz hat.

Beim Zusammensetzen verteilen Sie etwas von der Ganache sorgfältig auf dem unteren Nussboden, setzen dann den oberen Boden darauf und verteilen die restliche Ganache auf der Oberfläche und den Seiten der Torte. Reservieren Sie ggf. etwas von der Ganache, die Sie in eine Spritztüte mit Sterntülle geben, um die hübschen Tupfen auf die Torte zu spritzen. Anschließend streuen Sie noch die gehackten Haselnüsse auf die Torte und lassen sich loben. Guten Appetit!

Anna-Maria Wild
Fräulein Wild

Aus gutem Hause

Es ist nicht alles Käsekuchen

Bei Princess Cheesecake stehen täglich um die 18 Torten in der großen Glasvitrine. Dauerbrenner sind zum Beispiel die Champagner- oder die Marzipantorte. Alle angebotenen Köstlichkeiten haben einen Quark- oder Frischkäseanteil, von der Champagnertorte über die Zitronen-Käse-Tarte bis zum Apfel-Quark-Kuchen, aber es gibt hier nicht nur Käsekuchen! Inhaberin Conny Suhr arbeitet seit langem in der PR-Branche, lebte unter anderem in Israel und den USA. In der berühmten Cheesecake Factory in Los Angeles, wo es über 100 Sorten Käsekuchen gibt, kam Suhr auf die Idee mit der eigenen Konditorei. Manch einer schluckt vielleicht, wenn er die Preise sieht, die bei Princess Cheesecake für ein Stück Kuchen verlangt werden. „Aber wenn die Zutaten fair bezahlt sind und auch meine Angestellten, dann kann man das gar nicht billiger machen", sagt Suhr. Sie verwendet fast ausschließlich saisonale und regionale Produkte, 90 Prozent davon stammen aus dem Umland. Außer auf regionale Zutaten setzt Suhr auf Handarbeit. „Wir wollen die Tradition des Konditorhandwerks wiederbeleben, wo alles selbst gemacht wird, vom Marzipan bis zum Pflaumenmus."

TANNENHONIGMOUSSE

Zubereitung:

Als Erstes einen 24er Tortenring mit einem Biskuitboden auslegen und nach Belieben die Seiten damit auskleiden. Drei weitere Zwischenböden vorbereiten.

Die Walnüsse mit Zucker und Wasser in einen Topf geben und unter Rühren karamellisieren, dann auskühlen lassen. Die Gelatine mit etwas Wasser ca. 10 Min. einweichen.

Unterdessen die Eigelbe mit dem Honig, der Milch und dem Zimt auf dem Wasserdampf unter ständigem Rühren auf 82 °C erhitzen. Die eingeweichte Gelatine in die heiße Masse rühren und diese auf Körpertemperatur abkühlen lassen. Währenddessen die Sahne aufschlagen. Dann den Quark unterrühren und zum Schluss vorsichtig die geschlagene Sahne unterziehen.

Die Mousse nun abwechselnd mit den Böden und den karamellisierten Walnüssen in den Ring füllen. Die Torte im Kühlschrank mindestens sechs Stunden, am besten über Nacht durchkühlen lassen.

Mit weißer und dunkler Schokolade und Walnüssen dekorieren.

Rezept für 12 Personen

Tortenring von Little Bee's Desire, 24 cm Durchmesser, 10 cm hoch

100 g grob gehackte Walnüsse
50 g Zucker
40 g Wasser

10 Eigelbe
425 g Tannenhonig
650 g Milch
1 g Zimt

40 g gemahlene Gelatine
450 g Quark
750 g Sahne 33% Fettgehalt

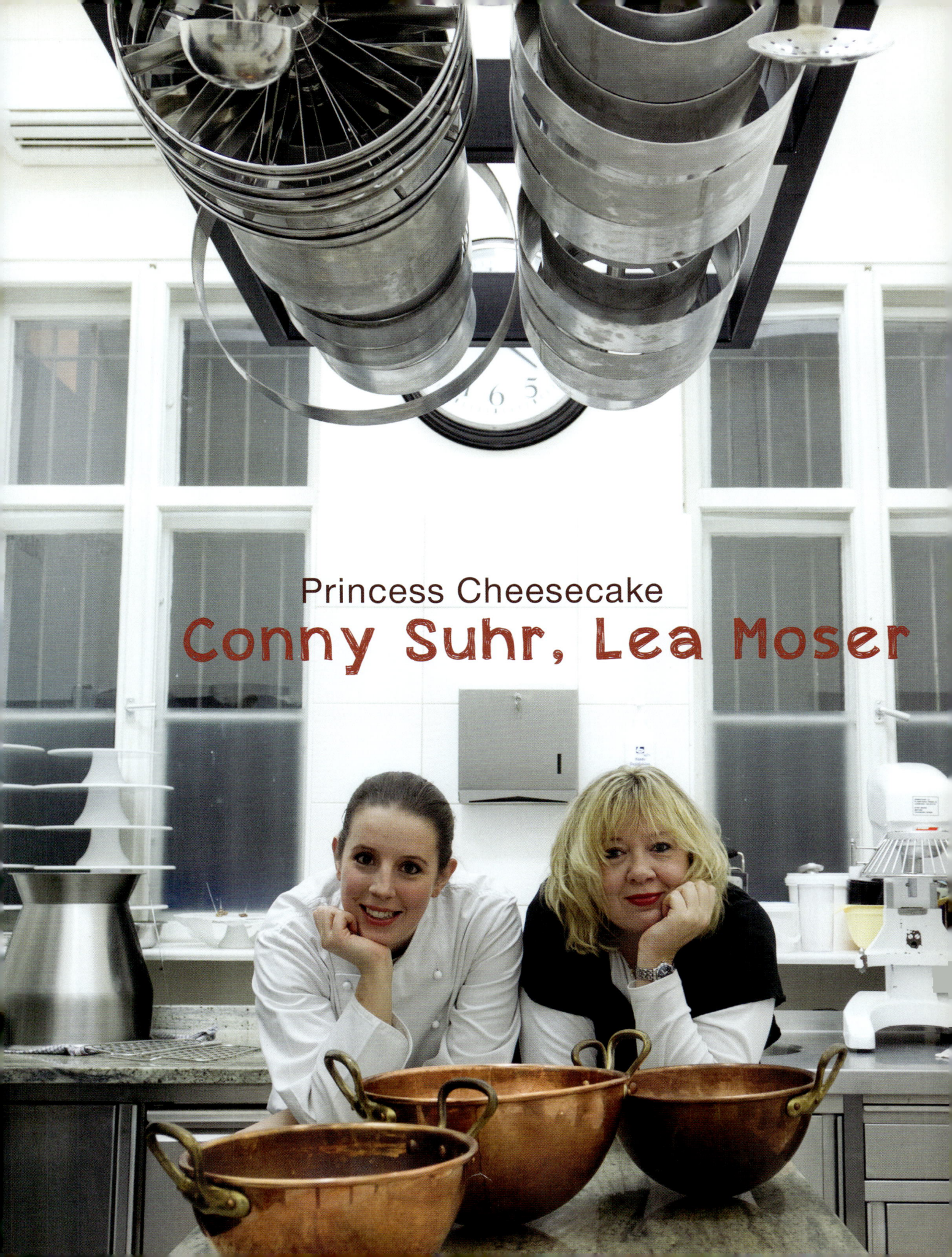

Princess Cheesecake

Conny Suhr, Lea Moser

Sissi
Martin Hartmann

Im Namen der Kaiserin

Martin Hartmann sorgt für österreichische Ess- und Lebenskultur

Warum er trotz erfolgreicher gastronomischer Laufbahn in Salzburg 2000 nach Berlin gekommen ist? „Die Homophobie der Österreicher!" In Berlin arbeitete Martin Hartmann zunächst im Ottenthal und einige Jahre lang im Borchardt. Dann entschied er, sich selbstständig zu machen. Er wollte eine ruhigere Kugel schieben, mit einem kleinen Feinkostladen, wo es morgens belegte Semmeln und zur Mittagszeit ein kleines Angebot an warmen Speisen geben sollte. Nach kürzester Zeit stand Hartmann in der Mittagszeit nur noch in der Küche und kochte, kochte, kochte – bis klar wurde: Das mit dem kleinen Laden und der ruhigen Kugel kann er vergessen. Und so wurde aus der kleinen Sissi ein großes Restaurant über zwei Etagen und eine Tortenmanufaktur. Martin Hartmann, Enkel eines Bäckermeisters, backt in seinem österreichischen Restaurant Sissi schon seit Jahren acht Brotsorten wie Walnuss-, Kürbiskern- und Zwiebelbrot und verkauft sie dort auch. In der neu angemieteten Backstube produziert er seit Februar nun auch noch die mit Cassisfruchtmark und Mokkatrüffel gefüllte „Sissi" Schokotorte.

SISSI-TORTE

Rezept

Boden
670 g weiche Butter
200 g Zucker
  30 Eigelb
  30 Eiweiß
670 g Kuvertüre 70 %
930 g Zucker
670 g Mehl
   1 Löffel Backpulver

Kaffeetrüffelmasse
250 g Sahne
 60 g Zucker
  1 Prise Salz
520 g Kaffeekuvertüre

Cassisfruchtmark-marmelade
 1 kg Cassisfruchtmark
200 g Zucker

Kuvertüreüberzug
Schokolade 70 %

Zubereitung

Die Kuvertüre schmelzen. Butter und die 200 g Zucker schaumig schlagen. Nach und nach Eigelb dazu geben. Dann die 930 g Zucker und Eiweiß cremig schlagen. Geschmolzene Kuvertüre zur Buttermasse geben, mit geschlagenem Eiweiss angleichen, gesiebtes Mehl und Backpulver untermelieren. Den Backofen auf 210 °C vorheizen und den Boden bei 170 °C ca. 45 Minuten ausbacken, bei offenem Zug backen. Nach dem Backen stürzen und auskühlen lassen.

Kaffeetrüffelmasse: Alle Zutaten über einem Wasserbad schmelzen. Dann die Masse abkühlen lassen.

Cassisfruchtmarkmarmelade: Beides vorsichtig zusammen aufkochen, danach Marmelade vollständig abkühlen lassen.

Kuvertüreüberzug: Schokolade über einem Wasserbad schmelzen, abkühlen lassen, temperieren und überziehen.

APFELTARTE

Pie Teig

150 g	Mehl 550
½ TL	Salz
80 g	Kalte Butter
4–5 EL	kalte Wasser

Belag

8	Äpfel
45 g	Zucker
1 EL	Speisestärke
¼ TL	Zimt
1 Prise	Muskatnuss
65 g	Zucker
35 g	Mehl
	Kalte Butter

Mehl, Salz und kalte Butterwürfel vermischen, Wasser untermischen bis sich eine Kugel formen lässt. Teig nicht zu lange kneten, sonst wird er zäh. Teig eine Stunde kühl stellen.

Äpfeln schälen entkernen und in Spalten schneiden, mit 45 g Zucker, Speisestärke, Zimt und Muskatnuss in einer Schüssel mischen.

Tischoberfläche mit Mehl bestäuben und den abgekühlten Teig etwa 47 cm ausrollen. Auf ein Blech mit Backpapier auslegen. 35 g Mehl und 65 g Zucker in der Mitte geben und gut verteilen.

Äpfelspalten kranzförmig auf den Teig legen, 8 cm Rand lassen dann umfalten und Butterflocken darauf verteilen.

Backdauer ca. 40 min. 180 °C mit Umluft 200 °C ohne Umluft
Happy Backing.

Tarte-Zauber

Susan Reed-Neumann und Matthias Neumann verwandeln Pies in Tartes

Seit fast sechs Jahren führen Susan Reed-Neumann und ihr Ehemann Matthias Neumann ihr Bistro-Café in einer ruhigen Ecke Berlins. Dass die beiden feine Speisen auftischen, hat sich über die Kiezgrenzen hinaus herumgesprochen – so finden inzwischen viele Gäste aus Mitte oder aus der weiteren Umgebung den Weg in The Village. Das liegt auch an den hausgemachten Gerichten, die zur Mittagszeit angeboten werden, aber die Kuchenspezialitäten sind wohl das ausschlaggebende Argument, um den Weg nach Charlottenburg auf sich zu nehmen. Zu den besonders beliebten Spezialitäten des Hauses gehören die Tartes, die eigentlich Pies sind. Doch weil der Berliner keine Pies möchte, verwandelt Susan Reed-Neumann sie einfach in Tartes. Ein Zaubertrick mit großer Wirkung, den kaum jemand so richtig wahrnimmt.

The Village
Susan Reed-Neumann, Matthias Neumann

KAFFEE KANN MAN AUCH ANDERS

ZWEI KULINARISCHE STATEMENTS

Kaffeekulturattachés

Die Andraschkos lassen in Berlin den Kaffegenuss hochleben

Die beiden sind nicht wegzudenken – aus Berlin, aus der Gastronomie, aus der Hotellerie sowie aus dem gesellschaftlichen Hauptstadtleben. Nicht nur, dass die gebürtigen Österreicher der Hauptstadt gezeigt haben, was Kaffeehauskultur bedeutet. Ihnen hat die Stadt zu verdanken, dass hier einer der besten Kaffees getrunken wird. Sie reisen ständig rund um die Welt, auf der Suche nach den besten Bohnen. In Kreuzberg rösten sie mittlerweile über elf Sorten und beliefern nicht nur Berlin mit besten exklusiven Kaffeemischungen.

Also den Wiener Schmäh, den würde sie hier in der bundesdeutschen Hauptstadt manchmal schon vermissen. Elisabeth Andraschko relativiert aber gleich: „Na ja, nach einiger Zeit hast du auch hier die Leute um dich herum gesammelt, die einen speziellen Humor haben und über vieles mit dir lachen können." Elisabeth Andraschko ist seit Mitte der neunziger Jahre in Berlin. „Der Liebe wegen – in aller Unschuld", und schon lacht sie ihr herrlich lautes Lachen.

Ihr Mann Wilhelm, „der Willi", Andraschko hat in den siebziger Jahren Wiener Kaffeehauskultur in der deutschen Hauptstadt etabliert. Unter den Berliner Österreichern gilt er als graue Eminenz. Willi Andraschko lässt keinen Zweifel und auch kein Gegenargument gelten. Kaffeegenuss heißt für ihn hohe Kultur des Anbaus, der Röstung, der Zubereitung.

Elisabeth und Wilhelm
Andraschko

ESPRESSO-PERFEKTION

Eine gelungene Espressomischung ist wie eine Sinfonie, bei der die einzelnen Komponenten in Übereinstimmung miteinander wirken und als Ganzes klingen. Oft probieren wir monatelang, bis uns eine Mischung gefällt. Vor der Röstung mischen wir die sortenreinen Kaffees dann nach gefundener Rezeptur (Partitur) zu den sogenannten Blends. Beim Vienna Roast stehen fruchtig-florale Noten im Vordergrund, die Bohnen sind ideal für Filterkaffee geeignet. Eine etwas dunklere Röstung bringt gedeckte Karamellnoten hervor, der Kaffee eignet sich nun für die French Press. Röstet man weiter, werden die Bohnen noch dunkler und der Italian Roast wird erreicht. Die Zellstruktur der Kaffeebohnen beginnt zu brechen, ohne dass ihre Öle hervortreten. Zubereitet in einer gut justierten Espressomaschine, erhält man mit diesem Röstverfahren die sogenannte »goldene Tasse«: honigartig halbsüß, karamellig, mit einer zartbitteren Röstnote und wenig Säure.

»Die schönsten Momente im Leben sind für mich die, bei denen man geringe Erwartungen hegt und vor Begeisterung im Nachhinein strahlt. Ich trinke keinen Kaffee und sollte mit meiner Frau zu einer Kaffeeprobe gehen - ungern kam ich mit. Der erste Espresso wurde gereicht und an meinem Gaumen ergoss sich ein honig-samtiger Aromenstrom, voller Würze und von beachtlicher Dimension. Ich war einfach baff und beeindruckt. Es gibt glücklicherweise auf der ganzen Welt Menschen, die mit ihrer Passion und Begeisterung für ihr Handeln einzigartige Qualität schaffen. Die Andraschkos gehören mit ihrem Kaffee dazu.«

Tim Raue, Berlin

Rituale gegen die Zeit - entdeckt, durch Zufall, aus Langsamkeit.

Die Entdeckung der Langsamkeit könnte das Credo dieser Barista sein. Denn das dort praktizierte Kaffeeritual ist eine Hommage an eine vergangene Zeit. Es geht um Geschmack, Struktur, Brombeere, Rhabarber: Willkommen in der Barista-Sommelier-Entschleunigungs-Kultur. Die Produktdesignerin Nora Šmahelová war 2002 Deutsche Barista Meisterin. Seit 2003 wirkt sie als Jurymitglied bei verschiedenen Baristameisterschaften und ist eine der wenigen Frauen in der Branche. Ihr Geschäftspartner Björn Köpke ist Heilpraktiker. Gemeinsam gehen sie den Weg einer bewussteren Kaffeekultur. Gesundheit, der richtige Umgang mit Säure, weg vom Konsum, hin zum Genuss: Vieles ist anders in der Welt des Brühkaffees - und Vieles ist so, wie es von Anfang an her war. Denn Kaffee ist Kulturgut, ein Ritual der Begegnung, man lernt sich kennen, genießt, schweigt, heißt fremde Menschen willkommen.

Chapter One Coffee
Nora Šmahelová, Björn Köpke

ENTSCHLEUNIGT UND FRISCH GEBRÜHT

Es wird immer wieder vergessen: Kaffee ist ein Naturprodukt. Der „Franchise-Super-Coffee-Store" funktioniert wie eine Tankstelle. Brühkaffe jedoch ist eine andere Welt.

Denn jede Ernte fällt anders aus und schon durch die Aufbereitung nimmt der Farmer Einfluss auf den Geschmack. Dann kommt das Rösten, jeder Röster hat natürlich eine eigene Handschrift, und am Ende steht der Barista. Ihm obliegt es, das Bestmögliche und auch seine persönliche Geschmacksinterpretation in die Tasse zu bringen.

Filterkaffee ist eine wunderbare Möglichkeit, wieder den reinen Geschmack, die Kombination aus Ernte, Röstung und Zubereitung zu kultivieren. Im Vergleich zu herkömmlichem Filterkaffee sind die neuen Kaffeesorten deutlich milder und klarer im Geschmack, erinnern vielleicht sogar an Tee. Lässt man den Kaffee etwas abkühlen, kommen die natürlichen Aromen wie Süße und fruchtige Noten mehr zur Geltung. Hinzu kommt, dass jede Zubereitungsmethode (Hario V60, Aeropress, Siphon, Chemex, Kalita ...) ihre eigene Signatur am Gaumen hinterlässt. Durch das Brühverfahren kann der Barista bestimmte Eigenschaften eines Kaffees in Szene setzen.

LIFE IS TOO SHORT FOR BAD COFFEE

EIN STÜCK ZUHAUSE

VIBRAPHONIST DAVID FRIEDMAN LIEBT GUTE, EHRLICHE KÜCHE – UND DIE FAMILIÄRE
ATMOSPHÄRE SEINER STAMMRESTAURANTS

Er ist ständig auf Achse: Unmittelbar vor dem Gespräch ist David Friedman aus dem Flieger gestiegen, er war
in Barcelona, ein Konzert. „Momentan spiele ich mehr denn je, vor Barcelona war ich in Litauen, in ein paar Tagen spiele ich in München." Aber trotzdem oder gerade deswegen pflegt der international gefragte Vibraphonist
und Jazz-Lehrer auch Konstanten in seinem Leben – und dazu gehört der regelmäßige Besuch seiner Berliner
Stammrestaurants. Eines davon ist das Jules Verne in Charlottenburg, das er ganz bewusst für den Fototermin
ausgesucht hat: „Wenn ich in Berlin bin, esse ich fast jeden Abend hier, ich wohne ganz in der Nähe. Manchmal komme ich sogar direkt vom Flughafen. Das Jules Verne kocht international und sehr abwechslungsreich,
die Qualität ist hervorragend und das Preis-Leistungs-Verhältnis stimmt."

Und nicht zu vergessen die fast familiäre Atmosphäre, die ein Vielreisender wie Friedman besonders schätzt: „Man
muss das Gefühl haben, nach Hause zu kommen." Der Musiker pflegt ein freundschaftliches Verhältnis zu den Inha-
bern Dunia Najjar und Hassan Meguid, auch viele Stammgäste kennt er persönlich. Ähnlich verhält es sich mit The
Village, sein anderes Charlottenburger Lieblingsrestaurant, das er vor allem zum Mittagessen besucht. „Hier gehören
auch viele Künstler, Regisseure und Komponisten zum Stammpublikum, da fühle ich mich natürlich sehr wohl. Und
das Inhaberpaar Susan Reed-Neumann und Matthias Neumann kochen nur mit Bioprodukten und backen fantasti-
sche Desserts."

Aspekte, die für Friedman deutlich mehr zählen als regelmäßig in teuren Sterne-Restaurants zu verkehren.
„Gute und ehrliche Küche", das sei es, was zählt. Und da er das Glück hat, in fast jeder größeren Stadt Freunde
zu haben, die nicht nur seinen Geschmack, sondern auch die lokalen Geheimtipps kennen, kommt Friedman
kulinarisch praktisch überall auf seine Kosten. Aber der gebürtige New Yorker, der 1987 für die Gründung einer
der ersten Jazz-Abteilungen an der HdK nach Berlin zog und blieb, beobachtet auch die kulinarischen Entwick-
lungen der Stadt. Konkurrenzfähig sei Berlin in den letzten Jahren geworden, insbesondere, was die asiatische
Küche angeht. „In New York habe ich immer die unzähligen chinesischen Restaurants geliebt. Und in der Kant-
straße in Berlin entwickelt sich gerade auch so etwas wie ein kleines China-Town."

Aber so aufgeschlossen David Friedman auch ist, er hat seine Prinzipien. Ein schneller Snack an irgendeinem
Imbiss kommt nicht in Frage. Und auch eine vermeintliche kulinarische Errungenschaften der Stadt wird von
dem Musiker verschmäht. „Ich habe noch nie eine Currywurst gegessen. Und das, obwohl mein Bühnenpart-
ner Peter Weniger ständig versucht, mich zu bekehren."

David Friedman

Die Waghalsige

Sie kennt keine Ressentiments, wenn es um die Entdeckung von gutem Wein geht

Früher hat Helen Mol schon mal kurz als Snowboard-Lehrerin in den Vereinigten Staaten gearbeitet. Nebenbei ging sie während ihrer Zeit in den USA sehr zielstrebig ihren Weg als Chef de Rang. Sie arbeitete unter anderem im Double Diamond in Copper Mountain und im The Mint, Silverstone. 2005 kam sie nach Berlin. Nach einem Jahr Restaurantleitung im Maremoto wechselte sie ins White Trash Fast Food, managte dort den Service und brachte den guten Weingeschmack zum Rock 'n' Roll. Heute ist sie die Expertin in Wein- und Gastgeberfragen im Pauly Saal. Sie selbst bezeichnet sich als Weinliebhaberin und möchte ihren Gästen vor allen Dingen erst mal den Spaß am Weintrinken vermitteln.

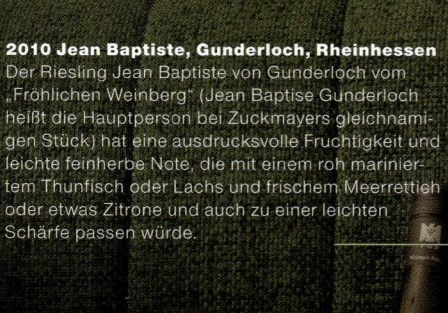

2010 Jean Baptiste, Gunderloch, Rheinhessen
Der Riesling Jean Baptiste von Gunderloch vom „Fröhlichen Weinberg" (Jean Baptise Gunderloch heißt die Hauptperson bei Zuckmayers gleichnamigen Stück) hat eine ausdrucksvolle Fruchtigkeit und leichte feinherbe Note, die mit einem roh mariniertem Thunfisch oder Lachs und frischem Meerrettich oder etwas Zitrone und auch zu einer leichten Schärfe passen würde.

2011 Gelber Muskateller, Friedrich Becker, Pfalz
Der 2011 Gelber Muskateller von Friedrich Becker besticht durch seine Fruchtigkeit und einer kräutrigen Würze ohne dabei durch die harmonierenden Säure zu schwer zu wirken. Der Muskateller kann durchaus mit etwas herberem Salat oder Gemüse, wie zum Beispiel Ruccola, Chicorée oder Artischocken kombiniert werden. Auch Gerichte, die mit einem Rotschmier-Käse oder gereiftem Hartkäse verfeinert sind, würden gut zu diesem Wein passen.

2009 Wehlener Sonnenuhr Riesling Spätlese, J.J.Prüm, Mosel
Die 2008 Wehlener Sonnenuhr Riesling Spätlese von J.J. Prüm begleitet mit seinen Aromen von Muskat, Quitte und Mandarine deftige Gerichte wie gegrilltes Geflügel und mariniertes oder glasiertes Schweinefleisch mit einer ebenfalls leicht süßlichen Kruste.

2008 Scharzhofberger Riesling Kabinett, Egon Müller, Saar
Der Scharzhofberger Riesling Kabinett von Egon Müller mit seinen ausgeprägten Aromen von Aprikose, Äpfel und Quitten harmoniert sehr gut mit frischen asiatisch angehauchten Salaten mit Papaya und Erdnüssen oder auch einem fruchtigen Cocktail aus frischen Meeresfrüchten.

2011 Rüdesheimer Berg Roseneck Spätlese, Leitz, Rheingau
Bei der 2011 Rüdesheimer Berg Roseneck Spätlese stehen die fruchtigen floralen Noten im Vordergrund. Die Aromen von hellem Steinobst und exotischen Früchten, wie Litschi und Maracuja, passen gut zu einem Gericht mit duftender Polenta oder einem gut gewürztem Risotto.

2008 Felsenberg Riesling Großes Gewächs, Schäfer-Fröhlich, Nahe
Der 2008 Riesling Felsenberg Großes Gewächs von Schäfer-Fröhlich beinhaltet eine herbe, würzige Fruchtigkeit mit einer mineralischen Süße, die gut mit einem Rote Bete-Gericht passen würde und durchaus auch mit gesottenem Kalbsgericht mithalten kann.

Helen Mol

Pauly Saal

2011 Les Pichaux, Sauvignon blanc
Noëlla Morantin, Loire

Ihre eigene Domaine hat Noëlla Morantin erst vor Kurzem gegründet, davor konnte sie aber schon viel Erfahrung in der Vinifikation von „vin naturel" sammeln. Im Jahr 2009 hat sie dann die Möglichkeit genutzt, einige Hektar von dem berühmten Bioweingut Clos de Roche Blanche zu übernehmen. Anfangs wurden die Weine in den Kellern befreundeter Winzer ausgebaut, aber nun hat sie ihren eigenen kleinen Keller. Sie hat ein sehr feines Gespür für die Aromen von Sauvignon blanc. Die Weine kommen mit kristallklaren und frischen Noten ins Glas und zeigen jetzt schon außergewöhnlichen Charakter und geschmackliche Tiefe.

2011 Lump 64 QbA trocken, Riesling, Silvaner, Traminer
Weingut Max Müller I, Franken

Wir haben uns so sehr an die Tatsache gewöhnt, dass Rebsorten immer reinsortig pro Parzelle oder Reihe im Weinberg stehen, dass wir glauben, das sei schon immer so gewesen. Doch das stimmt ganz und gar nicht. Noch bis in die 50er und 60er Jahre des 20. Jahrhunderts war es üblich, den gemischten Satz im Weinberg zu pflanzen, also verschieden Rebsorten durcheinander, die dann auch zu einem Wein verarbeitet wurden. Diese Parzelle wurde 1964 im Escherndorfer Lump gepflanzt, und der Wein ist zum einen ein historisches Zeugnis und zum anderen auch ein Beispiel dafür, dass nicht immer nur ein Rebsortencharakter, sondern auch mal das Terroir im Vordergrund stehen kann. Der Lump 64 bezieht seine Vielschichtigkeit aus den alten Reben und aus dem Zusammenspiel der drei verwendeten Rebsorten.

2011 Riesling QbA trocken „Jakobus"
Peter Jakob Kühn, Rheingau

Peter Jakob Kühn ist einer der prominentesten Vertreter des biodynamischen Weinbaus in Deutschland. Unter großen, vor allem wirtschaftlichen Problemen hat sich die Familie für diesen Weg entschieden. Die schrittweise Umstellung des Betriebes auf diese Wirtschaftsweise hat die Weine nachhaltig verändert. Waren sie in früheren Zeiten von primärer Fruchtigkeit und Frische geprägt, so sind sie heute würziger, tiefgründiger und von einem wunderbar cremigen Mundgefühl. Peter Kühns Guts-Riesling Jacobus steht auch im Jahr 2011 unverwechselbar für seine Herkunft und Machart. Er besitzt Persönlichkeit und Ausstrahlung.

2006 Ribolla Gialla
Franco Terpin, Collio

Franco Terpin gehört zu einer kleinen Gruppe von Winzern, die auf italienischer und slowenischer Seite eine traditionelle Art der Weißweinbereitung bewahrt haben. Sie produzieren authentische Weine durch Maischegärung. Diese Arbeitsweise ist den meisten Weinfreunden nur vom Rotwein bekannt. Sie lässt sich aber auch für weiße Trauben anwenden und ergibt einen sehr individuellen Stil. Die Weine sind hochfarbig, weil viel Farbstoff aus den Häuten extrahiert wird, und sie sind von einer faszinierenden Mineralität, da viele Mineralstoffe in der Beerenhaut sitzen. Allerdings zahlt man auch einen Preis für diese Vorteile, denn die Weine sind durchaus von Gerbstoff geprägt, was für viele Weintrinker eher ungewöhnlich ist. Dadurch verfügen diese Weine aber über eine unglaubliche Langlebigkeit und sind vielseitig einsetzbare Essensbegleiter.

2011 Riesling Landwein Schieferstern „Zero Zero",
Weingut Trossen, Mosel

Rita und Rudolf Trossen gehören zu den absoluten Pionieren für biodynamischen Weinbau in Deutschland und haben sich bereits 1978 für diesen Weg entschieden. Der „Zero Zero" ist das Ergebnis von Erfahrungen, die die beiden beim Verkosten von „vin naturel" im Elsass gemacht haben. Wie alle ihre Weine wurde er spontan vergoren. Danach blieb er ohne Schwefelgabe auf der Hefe liegen und wurde erst Ende September ohne Schönung und Filtration gefüllt. Erst bei der Füllung wurden ihm 10 mg Schwefel pro Liter mit auf den Weg gegeben. Das Ergebnis ist ein Wein, der weder besser noch schlechter als ihre anderen Produkte ist, aber er zeigt eine weitere spannende Dimension von Riesling auf.

Hammers Weinkostbar
Körtestraße 20, 10967 Berlin,
www.hammers-wein.de

Der Innovator und Dozent: Jürgen Hammer war Anfang 20, als er ganz oben einstieg – in den Schweizer Stuben, damals in den 80ern nicht nur eine der besten Adressen seiner Heimatstadt Würzburg, sondern „Top 5 in Deutschland". 2007 wagte er den Sprung in die Selbständigkeit und eröffnete gemeinsam mit Manuela Sporbert in Berlin die Hammers Weinkostbar. Seit vielen Jahren arbeitet Jürgen Hammer auch als Dozent und leitet seit 2010 die Berliner Niederlassung der Deutschen Wein- und Sommelierschule. Er wird nie müde, über Wein zu erzählen, und er befreite die hiesige Trinkkultur von Vorurteilen: „Feinherb ist nicht böse" und „fette Dinger sind out" lauten zwei Leitsprüche des Weinexperten. So sei Restsüße etwas ganz Natürliches, wenn der Gärprozess bewusst unterbrochen wird, oder der Wein von selbst die Gärung einstellt. Es bleibt also Restsüße, die nicht weiter zu Alkohol verarbeitet wird. Jürgen Hammer klärt seine Gäste immer wieder auf. „Der Wein muss harmonisch ausbalanciert sein, elegant und schlank auftreten." Es geht um das Süße-Säure-Spiel. „Fette Dinger sind out", dieser Leitspruch bezieht sich auf schwere Rotweine, die zu dominant im Barrique ausgebaut sind, einen zu hohen Alkoholanteil haben und starke Aromen wie Vanille und Röstaromen am Gaumen verteilen. Meistens so intensiv im Geschmack, dass nur eine Zigarre dagegenhalten kann. Ein entscheidender Punkt sei auch, dass sich gesellschaftliche Weintrinkgewohnheiten von oben nach unten entwickelt haben. „Man muss der Generation vor uns zugute halten, dass sie in uns die Begeisterung geweckt hat." Aber inzwischen ist Weintrinken nicht mehr elitär. „Man muss sich dem Wein nicht mehr kniend nähern."

Hammers Weinkostbar
Jürgen Hammer

(es gärt) x (es gärt) = es schäumt ...

Sie kommt aus dem Münsterland und aus einer Gasthausfamilie, wie sie es nennt. Es war ihr nichts fremd in der Welt der Gastronomie – bis auf Wein. Das war für sie ein neues Feld, das sie über die Jahre erforscht hat. Heute ist Alice Beckmann Weinakademikerin. Das ist sie nach einer langen, turbulenten Laufbahn geworden, mit dem Start als Hotelfachfrau und dem späteren Besuch der Berliner Sommelierfachschule. Danach sammelte sie jahrelang Erfahrungen als Fachfrau neben so bekannten Sommeliers wie Hendrik Thoma und Rakhshan Zhouleh. Auf das Thema Sekt angesprochen, sprudelt es nur so aus ihr heraus: „Sekt ist Emotion – wenn die Gläser klingen, findet ein emotionaler Moment seinen Höhepunkt. Große Gefühle fordern feinen Geschmack. Sekt ist Wein (hoch zwei) – das ist mein Anspruch. Ich liebe Silvaner aus Franken, Riesling von der Saar und Champagner von der Kreide."

Alice Beckmann

Wein & Glas Compagnie

2007 Van Volxem Sekt „1900" brut
Weingut Van Volxem, Saar

Dies ist ein Sekt mit absoluter Präsenz.
Wer den Winzer einmal persönlich getrof-
fen hat, weiß, was ich damit meine. Wilde
Perlage, einnehmender Duft, gute Länge und
nachhaltiges Wirken zeichnen ihn aus. Ein
rassiger Saar Riesling Sekt mit der cremigen
Van-Volxem-Textur und dessen mineralischen
Frische.
Weitere Infos:
WEIN & GLAS COMPAGNIE
www.weinundglas.com

Champagne Legras & Haas Millésime
Blanc de Blancs Grand Cru brut

Die besten Parzellen in der Grand-Cru-
Gemeinde CHOUILLY behält sich die Familie
Legras für den Millésime vor. Die alten Reben
bringen die Feinnervigkeit, die Hanglagen die
Aromen von reifen Früchten und die Reifung
die markanten Briochenoten. Ein Schluck eines Millésime 1959 hat mich von der Unsterb-
lichkeit dieses Champagners überzeugt.

2009 Silvaner Sekt brut
Weingut Horst Sauer, Escherndorf, Franken

Diesen sortentypischen Silvaner Sekt hätte
uns Horst Sauer fast verheimlicht. „Wir machen doch nur 2000 Flaschen..." Wir finden,
einige davon sollten in Berlin getrunken
werden! Charaktervoll und puristisch zugleich
– ein Vorspeisenbegleiter.

2007 Rosé Mousseux brut
Weingut Rudolf Fürst, Bürgstadt, Franken

Der Anspruch an seinen Sekt ist bei Paul
Fürst sehr hoch. Die Méthode Traditionelle, das Champagnerverfahren, ist für ihn
selbstverständlich. Das Resultat ist ein höchst
authentischer Burgundersekt mit fürstlich
fränkischer Prägung. Keine Kopie, sondern
so gut wie ein Rosé Champagner! Die feine
Holzwürze und die vollmundige Dosage harmonieren wunderbar zusammen.

Champagne Gonet-Médeville
Blanc de Noir Premier Cru brut

Das Ehepaar Xavier Gonet und Julie Méde-
ville, beide mit Wurzeln in traditionsreichen
Winzerfamilien, hat im Jahr 2000 sein kleines
Champagnerhaus in Bisseuil gegründet. Eine
gute Ausbildung, beste Premier- und Grand-
Cru-Parzellen aus altem Familienbesitz und
der starke Wille zu einem eigenständigen Stil
sind das Rezept für die ausdrucksstarken
Champagner, die hier entstehen. Der Pinot
Noir-Champagner Blanc de Noir ist puristisch und mineralisch, gut strukturiert und
sehr nachdrücklich – er verfliegt nicht! Viel
Zeit geben die Gonets den Grundweinen bei
der Reifung - hierzu werden zum Teil kleine,
gebrauchte Fässer verwendet. Es sind drei
Hektar, die von der Familie für diesen Premier
Cru bewirtschaftet werden.

2011 Carignan de Calce, Domaine de l'Horizon,
Languedoc-Roussillon, Frankreich, 0,75 l
Carignan, eine der wichtigsten Rebsorten unserer Zeit. Spannung, gepaart
mit viel Trinkfrische – und das aus diesem heißen Weingebiet. Beim Aus-
spruch Südfrankreich erwartet man Opulenz. Nicht so hier. Seidig, mit viel
Energie lehrt sich die Flasche im Nu.

2010 Eisenberg Blaufränkisch, Weinbau Uwe Schiefer, Südbur-
genland, Österreich, 0,75 l
Großes Holz – das ermöglicht der glasklaren Frucht, ihre Lebendigkeit
auszuspielen. Nicht tot, nicht überextrahiert, nicht schwer und alkohol-
reich. Geschmack hat einen Namen. Schiefer. Uwe Schiefer.

2004 Philippi Pinot Noir Deutscher Tafelwein
Weingut Koehler-Ruprecht, Pfalz, 0,75 l
Jemand wie Bernd Philippi steht für deutschen Weinbau. Ein Revoluzzer
im besten Sinne. Dieser – immer noch viel zu junge – Spätburgunder ist
sicher einer der spannendsten Weine dieses Jahrgangs. Viel Kraft mit
unfassbarer Frische durch eine ordentliche Portion Säure.

2010 Heidelberger Herrenberg Blauer Spätburgunder – R –
Qualitätswein trocken
Weingut Seeger, Baden, 0,75 l
Es gibt nicht viele Menschen wie Thomas Seeger, die es über die
Jahre immer wieder auf die vorderen Plätze der deutschen Rotwein-
hitlisten geschafft hat; er ist jemand, der diese Sorte perfekt versteht
und ihr den nötigen Schliff verleiht. Massiv, aber doch immer mit
gekonnter Zurückhaltung.

2007 Steinberg Pinot Noir Qualitätswein trocken
Weingut Dr. Henrik Möbitz, Baden, 0,75 l
Der Papstwein. Als Benedikt XVI. Berlin besuchte, tranken er und seine Gäste zur Küche von Marco Müller diesen Wein. Zarter, eleganter,
bester deutscher Burgunder aus Baden. Eine Rarität!

Bezug: Weinladen Schmidt, info@weinladen.com
Kollwitzstraße 50, 10405 Berlin, 030 / 20 00 395 – 0

oder Weinbar Rutz, info@weinbar-rutz.de
Chausseestraße 8, 10115 Berlin, 030 / 24 62 87 60,

Billy Wagner

Rutz Weinbar

Die Stilikone

Sommelier Billy Wagner kann einem den Mund wässrig bzw. weinrig machen.

Er ist ein wandelndes Lexikon von Weinbegrifflichkeiten und er jongliert gekonnt mit romantischer Naturprosa und standfesten Trinksprüchen. Billy Wagner ist ein Verführer der neuen Generation von Weingenießern. Er hält die Waage, zwischen dem Sternerestaurant und der Weinbar im Rutz, zwischen dem Trinkwunsch des Gastes und ihn auf besondere Weise zu fordern. Der mehrfache Sommelier des Jahres kreiert Begriffe wie Trinkigkeit. „Dass du animiert wirst, mehr zu trinken", so die Wagner'sche Definition. Der Mann vernetzt nicht nur die hiesige Weinszene sondern, er arbeitet auch unter anderem mit nationalen und internationalen Spitzenwinzern zusammen – als Ergebnis kommen dann mutige und provozierende Weine mit dem bezeichnenden Namen Rutz Rebell heraus.

HENNING LOHNER.
VIEL HOLLYWOOD UND
NOCH MEHR BERLIN.

HENNING LOHNER IST KOMPONIST UND FIMEMACHER. ER BRINGT MUSIK UND FILM ZU-
SAMMEN. NACH KOLLABORATIONEN MIT HANS ZIMMER, ZAPPA, STOCKHAUSEN UND JOHN
CAGE IST ER INZWISCHEN IN BERLIN ANSÄSSIG.

Seine Tätigkeit wird auch wegen seiner künstlerischen Impulse geschätzt. Eigentlich bleibt er gerne in seinem
Bezirk Charlottenburg. Aber der Beste Cocktail-Mixer arbeitet seiner Meinung nach im Hotel de Rome in Mitte:
Massimo. Er macht Drinks jeden Tag anders. Wie ein Künstler ein Ölbild malt ist jeder seiner Cocktails einzigartig und einmalig. Für Lohner machen auch die Gäste den Ort aus. Für ihn kommt im Volta im Wedding gut
zusammen, daß die Gäste wie eine Mannschaft aus Akademikern, Handwerkern und Studenten sind. Es sind
unterschiedliche soziale Kreise, die sich in der Gastronomie- Szene treffen. Etwas das Berlin auszeichnet. Alles
mischt sich.

Lohner trinkt im Volta Whiskey bei Gastgeber Lázló Trepák. Wenn Lohner ein Lokal gefällt versucht er einen
Kontakt zum Koch oder Service herzustellen, denn das gehört für ihn zur gastronomischen Kultur dazu: ‚Ein
guter Koch oder Maitre hat es verdient persönlichen Dank zu erhalten'.

Henning Lohner

Henning Lohner, fotografiert im Volta.

Andreas Künster jongliert gekonnt mit Zutaten und Aromen

„Ich orientiere mich an der Küche, verwende ungewöhnliche Aromen und viele frische Zutaten, mit denen ich gern experimentiere."

Derzeit mag ich zum Beispiel Bananenminze", erklärt Barmanager Andreas Künster. „Cuisine Style" heißt diese Art des Cocktail-Mixens. Nach Stationen im Prince Charles und bei Cookie entwickelte der gebürtige Badener aus der Nähe von Strasbourg für das Ø in Kreuzberg das komplette Barkonzept. In der Praxis entstehen bei ihm so ungewöhnliche Drinks wie der Kasseler Sazerac mit vom Fleisch aromatisierten Bourbon oder Rosemary smoked Gin Fizz. Ein wenig kompliziert wird es beim Kasseler. „Fat Washing" nennt sich die Prozedur, bei der das Fett des Fleisches in Bourbon gegeben wird. Nach einer Weile wird die Spirituose heruntergekühlt, das Fett setzt sich an der Oberfläche ab und kann abgefiltert werden. „Die Leute beim Metzger amüsieren sich immer etwas, wenn ich explizit möglichst fettes Fleisch verlange", lacht Andreas Künster. „Unsere Karte haben wir bewusst überschaubar gehalten. Es gibt sechs Signature Drinks und einige Cocktail-Klassiker." Den Bedürfnissen der Gäste wird er übrigens auch abseits der Karte gerne gerecht. Aus einigen Angaben zu geschmacklichen Präferenzen rührt und schüttelt er individuell angepasste Drinks aus dem Ärmel.

Andreas Künster

Bar Ø

Andreas Künster Kräuter Cocktails

Salbei Negroni

2 cl	Salbei infusionierter Gin* (z.B. Tanqueray)
2 cl	Campari
2 cl	süßer Vermouth (zB. Antica Formula)
1 Dash	Grapefruit Bitters

Benötigt wird:
- 1 vorgekühltes Tumblerglas
- 1 großer Eiswürfel wenn vorhanden Orangen und Zitronenzeste frischer Salbei Barlöffel bzw. Rührlöffel

Großen Eiswürfel in das Glas geben. Alle Zutaten direkt in das Glas und ca. 15 Mal rühren. Mit Orangen und Zitronenzeste abspritzen und zusammen mit einem Salbeiblatt garnieren.

* Salbei infusionierter Gin. Ein halben Bund Salbei leicht andrücken und zusammen mit 700ml Gin für ca. drei bis vier Stunden im Froster ruhen lassen. Abschmecken bis der gewünschte Geschmack erreicht wird. Spirituose durch einen Kaffeefilter ziehen, da die Flüssigkeit sonst immer weiteroxidiert!

Rosemary smoked Gin Fizz

6 cl	Gin (z.B. Tanqueray)
3 cl	frisch gepresster Zitronensaft
2 cl	Zuckersirup
1 Dash	Lemonbitters
	Rosmarin
	Soda

Benötigt wird:
- Shaker
- Teesieb und Strainer
- Collins oder
- Longdrinkglas

Alle Zutaten bis auf den Rosmarin in einen der beiden Shakerteile zusammen führen. Das andere Shakerteil umgedreht an eine Tischkante stellen, damit man einen Spalt, hat um den Shaker zu räuchern.

Den Rauch vom angezündeten Rosmarin in den Shaker rauchen lassen. Eis in das Shakerteil geben mit dem Drink. Beide Teile schließen und ca. 15 bis 30 Mal shaken. Durch beide Siebe in das vorgekühlte Gästeglas absaien. Auf Eis servieren. Mit Soda toppen und mit einem Rosmarinzweig garnieren.

Boogie Night: Kopps Healthy Style

6 cl	Hendriks Gin
2–3 cl	frischer Zitronensaft
6–10	Blätter frischer Basilikum**
1–2 cl	Zuckersirup

Basilikum im Shaker stark muddeln. Zutaten hinzufügen. Hart shaken und am Ende im gekühlten Glas auf Ice-cubes anrichten, unbedingt Double Strain.

Deko
Frischer Basilikumzweig und mit Zitronenzeste auspressen übers Glas.

** Es können auch getrocknete Bio-Kräuter eingesetzt werden z.B. von Sonnentor.

Gemeinsam mit Ihrem Barkeeper Thorsten Schiffers tüfteln Björn Moschinski und Ilhami Terzi, Macher des veganen Restaurant Kopps an Cocktails und Limonaden, die frische oder getrocknete Kräuter mit saisonalen Produkten zusammenbringen.

Kopps Hibiskus-Limonade
Deko Himbeere, Ingwer, Sprossen, Hibiskusblüte

12 cl Saft von aufgekochter Hibiskusblüte
 1 cl Limettensaft
 2 cl Zuckersirup, Mischungsverhältnis 1:1
 1 cl frischen Orangensaft
 8 cl Cranberrysaft

Hibiskusblüten in eine große Teekanne geben und mit
kochendem Wasser übergießen. Hat der Tee eine kräftig
hellrote Farbe, Flüssigkeit durch ein feines Sieb abgießen
und abkühlen lassen. Limetten-, Orangen- und Cranberrysaft zugeben und mischen. Zu gleichen Teilen mit Mine-
ralwasser auffüllen und genießen. Mit dem Zuckersirup
abschmecken.

Foodies & Tools

Leidenschaftliche Handwerker, Food-Verrückte, Menschen auf der Suche nach der besten Qualität, auf dem Teller aber auch darüber hinaus. Während die Köche ihre Menus auf die Teller zaubern, entstehen in Manufakturen kleine Kostbarkeiten, oft noch in Handarbeit, aber garantiert mit „Herzblut". Einige dieser Perlen der Handwerkskunst haben wir neu entdeckt: filigrane Porzellankünstler, Gourmetgläser aus Handarbeit, die berühmten Solinger Klingenschmieden.... Und nicht zu vergessen die Bauern, Züchter, Genusshandwerker aus Berlin und Brandenburg. Hier gibt es eine ganze Riege engagierter Überzeugungstäter, die nur das Beste gelten lassen.

Foto: Servierplattform Seawalk aus der Solinger Manufaktur Carl Mertens

„Man muss es riechen, schmecken, sehen, fühlen. Sonst ist es nichts."

Frank Lüske

Mekka für Foodies

Frank Lüske ist Händler und Foodie mit Leib und Seele. Qualität, leidenschaftliches Handwerk, Liebe und beste Zutaten: gute Dinge haben viele Gesichter. Brandenburger Wild und Highlandrind, Kutterfisch, perfekte Käse, ordentliches Gemüse und frisches Obst. Es ist alles da.

www.bioluecke.de

Aus dem Urmeer

In der Stadt gibt es viel zu entdecken. Aber für manche Schätze muss man raus aufs Land. In 800 Meter Tiefe unter dem Kurort Bad Essen ruht eine weltweite Sensation – viele Millionen Jahre altes Meerwasser: Urmeer! Das Salz wird aufwändig und mit viel Handarbeit hergestellt – und behält so alle Inhaltsstoffe. Es ist das einzige Vollwertsalz der Erde.
www.tastybox.de

Geht kaum besser

Original Beans hat alle wichtigen Auszeichnungen der Gourmetschokoladewelt gewonnen und betreibt nebenbei noch radikalen Naturschutz, ist „direct trade" und kommt in einer Verpackung daher, die elegant und zugleich biokompostierbar ist. www.originalbeans.de

Der Enthusiast

Patrick von Vacano ist ein kulinarischer Abenteurer, der sich mit Enthusiasmus und Leidenschaft für beste Qualität auf dem Tisch und in der Küche engagiert. Gemeinsam mit weiteren Genusshandwerkern und Winzern entwickelt er authentische und eigenwillige Wine & Dine Konzepte. So hat er das erste Urmeersalz für uns entdeckt oder mit Siben Erben eines der ältesten Weingüter der Republik im Portfolio: www.vv-kostbarkeiten.de

300 Jahre Weinkultur

Das Weingut Siben Erben ist in zehnter Generation in Familienbesitz und Gründungsmitglied des Vereins der Naturweinversteigerer Rheinpfalz (1908), einem Vorläufer des VDP. Für das Berlinkochbuch hat Patrick von Vacano eine Weinbegleitung zusammengestellt, die mit einem einfachen Konzept überzeugt: Eine Rebe, fünf Gänge (Seite: 56 - 59).

Echte Wundertüten

Die Tasty-Box ist ein besonderes Menü für Zuhause, zusammengestellt von Köchen und Sommeliers. Alle Zutaten kommen aus kleinen Manufakturen, die unverfälscht und handwerklich-traditionell an ihren kleinen Geschmackswundern arbeiten. Jede Box enthält alle Zutaten für ein Dinner ab zwei Personen, das passende Rezept ist inklusive, wird aber genauso wie die Produkte zunächst nicht verraten. www. tastybox.de

Die Kräuter-Manufaktur

Kräuter, saisonal frisch oder getrocknet, als Mischung oder biologisch angebaut spielen eine große Rolle in den Küchen der Stadt. Seit vielen Jahrzehnten engagieren sich die Bauern im Waldviertel gemeinsam für ihre Marke Sonnentor und die damit verbundene Qualitätsphilosophie. Kräuter wie zum Beispiel Pfefferminze, Salbei und Minze lieben den sandigen Untergrund in dieser Landschaft. Zahlreiche Köche in unserem Buch arbeiten mit Kräutern in Bioqualität. Auch die Drinks aus dem Kopps und der Bar Ö (Seite 180) oder die Rezepte von Björn Moschinski sind von den Kräutern inspiriert. www. sonnentor.at

Die neue Königsklasse

In der Form des Glases spiegelt sich die Seele des Weines. Erst hier kommt die ganze Kunst der Wein- und Sektmacher zum Ausdruck. Wer jemals eine Flasche Wein entkorkt und dann aus unterschiedlichen Gläsern verkostet hat, schmeckt den Unterschied: Die Form des Glases beeinflusst den Weingenuß ganz maßgeblich. Mundgeblasene Kristallgläser sind für Weinliebhaber und Sommelieres ein Synonym für wahre Kennerschaft. Tim Raue und viele unserer Köche schätzen die handgearbeiteten Gourmetgläser aus dem Bayerischen Wald. www.zwiesel-kristallglas.com

Die Allianz der Weinverrückten

Die Kunst und handwerkliche Meisterleistung der Winzer und ihrer Helfer ist es, an steilen Hängen und in tiefen Kellern das Beste aus ihrem „Grundkapital" zu machen. „Nur ein Rebstock, der in Harmonie mit dem Weinberg wächst, kann einen einzigartigen, großen Wein hervorbringen, in welchem man Boden und Klima schmecken kann. Daher steht für uns VDP Güter an erster Stelle, die Natur zu bewahren und damit unsere Kulturlandschaften zu erhalten, so können wir unsere Weinberge in bestem Zustand an die kommenden Generationen weitergeben." Steffen Christmann, Präsident der Prädikatsweingüter Deutschlands, der „Allianz der Weinverrückten" und überzeugter Öko-Winzer engagiert sich leidenschaftlich für die besten Weine des Landes. Einige davon finden Sie auf den Seiten 168-176.

Vor mehr als 20 Jahren gründeten Michael Kunzmann (im Bild) und Horst Bernd Paech mit einem gebrauchten Lieferwagen ihr Unternehmen Havelland Express. Heute gehört das Unternehmen zu den Top-Lieferanten der Gastronomie in Berlin und über die Grenzen hinaus. Vor allem regionale Produkte liegen den Machern am Herzen: „Mein Anspruch ist, das beste und frischeste Produkt zu liefern. Ganz oben steht dabei natürlich die Regionalität. Produkte aus dem Umland, die wir seit 20 Jahren mit Begeisterung entdecken und entwickeln und deren Erzeuger wir motivieren, nachhaltig zu arbeiten, sind inzwischen Traditionsmarken. Brandenburg war Speckgürtel und Gemüsegarten Berlins. Das wollten mein Stiefvater Horst Bernd Paech und ich vor 20 Jahren mit unserer Begeisterung für besondere Produkte aus der Region neu beleben. Von Anfang an war es uns eine Herzensangelegenheit, das Berliner Umland und die hier nachhaltig erzeugten Lebensmittel zu fördern und deren Verkauf logistisch zu unterstützen. Bei uns treffen sich Landwirte und Spitzenköche, denen das Bewusstsein und die Verantwortung für Tier, Natur und Ressourcen wichtig sind. Neben regionalen Produkten bieten wir auch ausgesuchte Lebensmittel aus aller Welt an. Aber ob in Ruppin oder in Sydney produziert, unsere Forderung ist, immer hochwertige Lebensmittel mit Charakter zu liefern."

Engagiert für die Region: Michael Kunzmann.

So muß Heimat schmecken

Handmade by Hering Berlin

Zahlreiche unserer Köche gestalten ihre Kochkunstwerke mit dem filigranen Bisquitporzellan „Made in Berlin": Die Porzellanmacher von Hering verstehen es, selten gewordene Handwerklichkeit und Eleganz mit hoher Funktionalität zu verbinden. www.heringberlin.com

Nachhaltig ohne Label: Tino und Ronny Ryll

Freie Bauern aus dem Flaeming

„Wir wollen eine Landwirtschaft unabhängig von großen Konzernen und der Lebensmittelindustrie betreiben. Unser Hof liegt in der Fläminger Naturlandschaft im Süden Brandenburgs. Wir bauen Raps, Sanddorn und seit kurzem Aronia an. Zudem züchten wir Sattel- und Wollschweine und Angus- und Wagyu-Rinder. Wir verstehen unsere Arbeit als nachhaltige Landwirtschaft, die die regionale Tier- und Pflanzenwelt achtet und schützt." Tino und Ronny Ryll sind Bauern, die zurück zu einer neue Eigenständigkeit finden wollen.

Das fängt schon bei der Auswahl der Pflanzensamen an. Sie benutzen Sorten, die möglichst viele Eigenschaften der Pflanzen besitzen. Die Direktsaat schont den Boden und die darin lebenden Kleintiere und Mikroorganismen. Die Ernte wird direkt auf dem Hof verarbeitet und seit 2010 ein hochwertiges Rapsöl und Sanddornlikör hergestellt. Die Produktion ist harte Handarbeit – jedes Etikett wird mit der Hand auf die Flasche geklebt. Viele der Produkte werden an die Gastronomie und in Berlin-Brandenburg verkauft. „Wir fahren direkt zu den Köchen und verkosten sie. In der gehobenen Gastronomie haben wir ein sehr gutes Feedback bekommen. Die Bereitschaft, sich direkt mit den Produzenten auseinander zu setzen, sei hier stark ausgeprägt," so die beiden Macher. Der Anfang ist gemacht.

Der frischeste Fisch der Stadt

Jeden Donnerstag frühmorgens fahren Sven und Steffen für Biolüske mit Ihrem Kutter Anna-Lena von Hiddensee raus auf die Ostsee. Schon am gleichen Abend liegt der frische Fang auf Ihrem Tisch in Berlin. Je nach dem, was ins Netz geht, bekommt Frank Lüske frischen Zander, Dorsch, Ostseescholle, Steinbutt, Hering und Wild-Lachs in die große Stadt geliefert. Wir verkaufen, was die Jungs fangen, zu sehr günstigen Preisen, aber nur solange der Vorrat reicht.

Die Frische ist nicht der einzige Vorzug: „Aufgrund der hohen Beifangquote und der Uberfischung der Meere kann man guten okologischen Gewissens eigentlich keinen Wild-Fisch verkaufen", weis Luske. Aus diesem Grund tat er sich mit Mathias Schilling zusammen, dem Eigentumer der Insel Ohe vor Rugen.

Auf dem 75 Hektar kleinen Eiland werden nach Oko-Standards Salzwiesenrinder gehalten, deren Fleisch Bioluske bezieht. Uber Mathias Schilling bekam Luske den Kontakt zu Sven und Steffen, die das Fischereihandwerk in seiner nachhaltigsten Form betreiben. Das bedeutet: schonende Schnellnetzfischerei, mühselig aber beifangschonend, very old-school. Mit dem Geschäft der machtigen Trawlern hat es nichts zu tun. Es geht um frischen Fisch, auch um den von morgen. Der Hiddenseer Kutterfisch ist für das Rezepte von Stefan Hartman auf Seite 82/83 ein perfekter Begleiter.

Direkt vom Kutter nach Berlin:
www.bioluleske.de

Handmade in Berlin

Schokolade und Wild, weiße Trüffel, saisonale Kräuter: diese Genusshandwerker lassen sich jeden Tag etwas Neues einfallen und inspirieren mit ihren Ideen zahlreiche Köche in Berlin und darüber hinaus. „Wir möchten unserer Pasta den klassischen Geschmack der italienischen Campagna geben und trotzdem die Kreativität einfliessen lassen, welche wir durch unsere Arbeit auf vier Kontinenten erworben haben." Die Macher von Pasta Mondo sind Vollprofis, die mit viel Demut und Zurückhaltung die hohe Schule der Pastakultur pflegen. www.mondopasta.de

Die neue Vielfalt

Seit einigen Jahren erlebt die Vielfalt der Biersorten wieder eine Renaissance. Die Klosterbrauerei Neuzelle arbeitet schon lange leidenschaftlich für diese Entwicklung und zeigt, dass Bier mehr als nur ein Getränk ist. Die Rezepte auf Seite 32 und 106 wurden mit Bieren der Manufaktur in Szene gesetzt.

Christian Pohl, Braumeister der Klosterbrauerei, über die Details des Biergeschmacks: „Ausschlaggebend für ein gutes Bier ist für mich, dass die eingesetzten Rohstoffe harmonisch aufeinander abgestimmt sind. Beim Trinken sollte auf der Zunge ein angenehmes Prickeln zu spüren sein. Zuviel Kohlensäure ist bei untergärigen Bieren eher unangenehm. Obergärige Biere können dagegen höhere Kohlensäuregehalte vertragen. Ich persönlich trinke am liebsten Pils."

Der Braumeister, der seit 2004 in der Klosterbrauerei Neuzelle arbeitet, ist ein erstklassiger Handwerker, der vor allem das Zusammenspiel der verschiedenen naturwissenschaftlichen Fachrichtungen beim Brauen schätzt: „Die Basis für ein gutes Bier sind die Rohstoffe. Das beginnt schon beim Brauwasser, welches für den Charakter eines Bieres entscheidend ist. Der eigene Brunnen ist für uns selbstverständlich. Hopfen und Malz kommen bei uns aus Bayern, Sachsen-Anhalt und Thüringen. Bis zu den achtziger Jahren war die Geschmacksvielfalt insbesondere beim Pils viel größer als heute. Es gab würzigere und süffigere Varianten. Der Erfolg der „Fernsehwerbungsbiere" hat leider sehr zu einer Angleichung der Sensorik geführt. Bei einer Blindverkostung wären diese Biere nicht zu unterscheiden. Glücklicherweise geht der Trend in den letzten Jahren wieder in Richtung mehr Originalität und Geschmacksvielfalt."

Foodies & Friends

Havelland Express ist einer der wichtigsten Partner der Gastronomie und Hotellerie. Sie sorgen dafür, dass in Berlin, aber auch über die Grenzen hinaus regionale Produkte und Spezialitäten ein Thema sind. Das Unternehmen wurde 1992 von Michael Kunzmann und Horst Bernd Paech gegründet. Von einer Kühlzelle am Schwielosee in Brandenburg belieferten sie mit ihrem gebrauchten Lieferwagen die Hotellerie und Gastronomie mit Lebensmittel aus der Region Berlin-Brandenburg. Der Erhalt regionaler Tierarten und ihre artgerechte Aufzucht gehört zur Grundüberzeugung des Unternehmens, um die Geschmacksvielfalt zu bewahren. Heute umfasst das Warensortiment über 3.000 Produkte und 50 Mitarbeiter bearbeiten 24 Stunden am Tag die Aufträge. In unserem Buch wurden zahlreiche Rezepte mit diesen Zutaten kreiert.

Auch die **Bio Company** engagiert sich für regionale Erzeuger - ein Trend, der unsere Küchen immer mehr beeinflussen wird. 1999 wurde in Charlottenburg der erste Laden der Bio Company als natürlicher Supermarkt gegründet - heute ist das Unternehmen mit 26 Märkten führend in Berlin, ohne die regionalen Wurzeln zu vergessen. Das Sortiment eines Marktes umfasst bis zu 8.000 Waren - davon überdurchschnittlich viele aus der Region. In Spitzenzeiten stammen beispielsweise bis zu 40% der Obst und Gemüsewaren aus dem Berliner Umland. Auch samenfeste Sorten gehören zum Angebot, das schmeckt man - auch bei unseren Rezepten.

Biolüske ist ein Mekka für alle Foodies und „Geschmacksfreaks". 2004 baute Frank Lüske ein ehemaliges Kino in Berlin Steglitz zu einem Lebensmittelmarkt um und schon ein Jahr später wurde das Geschäft mit dem Bio-Award „Selly 2005-Bester Biosupermarkt Deutschlands" ausgezeichnet. Das hat seinen Grund, denn Frank Lüske ist ein Jäger verlorener Schätze und engagiert sich tatkräftig für die besten nachhaltigen Produkte. Logisch, dass regionale Manufakturprodukte hier die Hauptrolle spielen. Im Kino gibt es regelmäßig Kochkurse , Businesscooking und kulinarische Filmabende.

Carl Mertens, 1919 als Lohnschleiferei für Taschenmesserklingen gegründet, steht heute von Shanghai bis Berlin für besondere Tisch- und Wohnkultur. Gemeinsam mit jungen und etablierten Designern entwickeln und produzieren die „Stahlhandwerker" ihre Produkte in Solingen. Vor allem hochwertige Bestecke, aber auch Accesoires für Bar, Wein, den gedeckten Tisch oder die Küche werden in Solingen hergestellt.

Porzellan der Berliner Manufaktur **Hering** adelt jeden Tisch. Seit über 20 Jahren entstehen in Handarbeit Produkte, die in den besten Restaurants des Landes zu finden sind. Die Designerin und Keramikmeisterin Stefanie Hering steht mit ihrer ganz eignen Handschrift für Individualität und fast vergessene handwerkliche Techniken. Eine Haltung, die sie mit vielen Berliner Köchen verbindet.

Sonnentor ist ein Bio-Pionier. Bereits 1988 gründete Johannes Gutmann mit erst 23 Jahren seinen Kräuterhandel. Sein Ziel war und ist: die kleinen bäuerlichen Strukturen im Waldviertel in Österreich zu erhalten und zu fördern, indem er die bio-zertifizierten Spezialitäten unter seinem Label überregional vermarktet. Auf diesem Weg konnte die Vielfalt der klein- und mittelständischen Betriebe gesichert werden, wofür das Unternehmen bereits mehrfach ausgezeichnet wurde. Heute arbeitet Sonnentor mit 150 Bio-Bauern zusammen und führt mehr als 700 Produkte im Sortiment – darunter insbesondere Tee und Gewürzmischungen sowie Salzspezialitäten.

Zwiesel Kristallglas steht für 140 Jahre Glasmacherkunst aus dem Bayrischen Wald und ist weltweit die Nummer eins in der Spitzengastronomie und Hotellerie. Gemeinsam mit Gastronomen, Sommeliers und renommierten Designern entstehen Glaskollektionen für jeden Anlass . Weltweit schätzen Profis die Kollektionen für Bar, Wein, Hot Drinks und Living.

Andraschko ist eine Berliner Rösterei und Kaffeemanufaktur, die sich auf die Produktion von „Speciality Coffee" konzentriert. Für die Gastronomie entwickelt Andraschko hochwertige Kaffees, die in ihrem Geschmack einzigartig und in ihrer Charakteristik unverwechselbar sind. Die Rohstoffe werden nach höchsten Qualitätsstandard sowie ökologisch-sozialen Nachhaltigkeitskriterien ausgewählt.

Havelland Express Frischdienst GmbH
Gottlieb-Dunkel-Straße 20/21
12099 Berlin
Tel. +49 (0)30 - 32 00 32 00
www.havelland-express.de

BIO COMPANY Beteiligungs GmbH
Rheinstraße 45-46
12161 Berlin
Tel. +49 (0)30 - 3 25 14 22-0
www.biocompany.de

Biolüske
Drakestraße 50. 12205 Berlin
Tel. +49 (0)30 - 80 20 20-160
www.bioluеske.de

Carl Mertens Besteckfabrik GmbH
Krahenhöher Weg 8
42659 Solingen
Tel. +49 (0)212-24225-0
www.carl-mertens.com

Hering Berlin
Stefanie Hering-Berlin GmbH
Königsweg 303. 14109 Berlin
Tel. +49 (0)30-810 5411-0
www.heringberlin.com

Sonnentor
Kräuterhandelsgesellschaft mbH
Sprögnitz 10. 3910 Zwettl
Österreich
Tel. +43(0)2875 – 7256
www.sonnentor.de

Zwiesel Kristallglas AG
Dr.-Schott-Str. 35. 94227 Zwiesel
Tel. +49 (0)9922 / 98-0
www.zwiesel-kristallglas.com

Andraschko Kaffeemanufaktur GMBH
Köpenicker Str. 154. 10997 Berlin
Tel: +49-30-69598687
www.andraschkokaffee.de

Foodies & Friends

Die **Klosterbrauerei Neuzelle** ist eine der ältesten und größten familienbetriebenen Brauereien im Land Brandenburg. Bereits 1416 gingen die Mönche in Neuzelle dem Brauhandwerk nach, um schließlich 1589 offiziell die Klosterbrauerei zu gründen. Die Braukunst überstand unbeschadet die Jahrhunderte und das Wissen um die Rezepturen fließt noch heute in die Produktion ein. Die traditionellen Biersorten wurden um vielfältige Spezialitäten wie Apfel- und Kirschbiere und neue Brauinnovationen wie probiotisches oder glutenfreies Bier ergänzt. Heute beschäftigt die Brauerei 43 Mitarbeiter und hat sich als Manufaktur für Qualitäts- und Spezialbiere etabliert.

Tastybox ist eine kulinarische Überraschung. Über die Onlineplattform Tastybox.de können Genusspakete bestellt werden. In den Paketen finden sich handgemachte Lebensmittel von kleinen, nachhaltig wirtschaftenden Manufakturen, die so nicht im Supermarkt zu finden sind. Alle Produkte werden von Chefköchen getestet und zu einem leckeren Rezept für 4 Personen als Tastebox zusammengestellt. Kunden kennen bis zur Bestellung nur die Hauptzutat – der Rest bleibt bis zum Öffnen ein Geheimnis.

Mondo Pasta ist eine junge kreative Pastamanufaktur in Berlin, deren leckere Pasta in vielen Restaurants und Hotels zu finden ist. Gegründet wurde Mondo Pasta von zwei Köchen, die von der kleinen Familien-Trattoria auf dem Lande bis zur Spitzengastronomie in einer asiatischen Metropole weltweit gearbeitet haben. Dieses Wissen lassen sie in ihre Arbeit einfließen und konzentrieren sich auf die Produktion von vielfältigen Premiumbandnudeln und -gnocchi sowie gefüllter Pasta.

Fläminger Genussland ist ein landwirtschaftlicher Betrieb, für den die Pflege und der Schutz der Tier- und Pflanzenarten im Fläminger Naturland ein wichtiges Anliegen ist. Daher wird mit einheimischen Tierarten und regionalem Saatgut gearbeitet. Diese Tier- und Pflanzenarten sind perfekt an die Umweltbedingungen angepasst und besonders widerstandsfähig. In der hofeigenen Manufaktur verarbeiten die beiden Macher Tino und Ronny Ryll ihre Produkte behutsam zu genussvollen Lebensmitteln von hoher Qualität. Ab 2013 wird es aus dem Fläming auch Wagyu Rinder geben.

Eine Qualitätselite von Ausnahmewinzern hat sich im **Verband der Prädikatsweingüter (VDP)** zusammengeschlossen und den Ruf deutscher Weine zu neuem Glanz mit weltweit herausragender Bedeutung gebracht. Der VDP und seine 200 Mitglieder stellen sich mit Erfolg gegen die Industrialisierung und fortschreitende Technisierung der Weinerzeugung, gegen genmanipulierte Reben, hochgezüchtete Aromahefen, andere Segnungen „moderner" Produktionsverfahren. Es ist diese Allianz der Weinverrückten, die das Beste geben, was sie ihren hervorragenden Lagen, steinigen Böden und steilen Hängen in harter Arbeit abringen können: Wein als Lebensfreude und unverfälschter Qualität. Die Winzer des VDP kennen den steinigen Weg, der zum Erfolg führt. Sie wissen um den Schatz ihrer gottgegebenen Lagen und Böden, wissen über die Bedeutung jahrmillionenalter Böden aus Granit, Basalt, Muschelkalk, über Schiefersedimente uralter Mee-resböden – kurz über das Terroir, das jedem Wein seine unverwechselbare Note gibt.

Klosterbrauerei Neuzelle GmbH
Brauhausplatz 1. 15898 Neuzelle
Tel. +49 (0) 33652 - 8100
www.klosterbrauerei.com

TastyBox.de
FoodieSquare GmbH
Küchelbäckerstr. 3
80331 München
Tel: +49 (0)89 – 3796 9598
www.tastybox.de

Fläminger Genussland GmbH
Hohenkuhnsdorfer Weg 8
14913 Niederer Fläming
Tel. +49 (0) 33 746 - 806 10
www.flaeminger-genussland.de

Mondo Pasta GmbH
Mertensstraße 65
13587 Berlin
Tel.: +49 (0)30 - 33 77 48 90
www.mondopasta.de

VDP. Die Prädikatsweingüter
Taunusstraße 61. 55120 Mainz
Tel. +49 (0)6131-94565-0
www.vdp.de

Sach- und Rezeptregister

Restaurants

3 Minute sur Mer, Torstraße 167, 10115 Berlin, Tel. 67 30 20 52, www.3minutessurmer.de. Seite 48-53

Babanbe, Tucholskystr. 18-20,10117 Berlin, Tel. 978 940 98, www.babanbe.com. Seite 138-141

Bandol sur Mer, Torstraße 167, 10115 Mitte, Tel. 67 30 20 51, www.bandolsurmer.de. Seite 48-53

BSSB - Big Stuff Smoked Barbecue, Eisenbahnstraße 42/43, in der Markthalle Neun, 10997 Kreuzberg, Tel. 0163-6 29 04 12. Seite 126-129

Chapter One Coffee, Mittenwalder Straße 30 10961 Berlin, Tel. 25 92 27 99 www.chapter-one-coffee.com. Seite 162-165

Cookies Cream, Behrenstraße 55, 10117 Mitte, Tel. 27 49 29 40, www.cookiescream.de- Seite 114-117

Drayton, Behrenstraße 55, 10117 Mitte, Tel. 680 73 04 73, www.draytonberlin.com. Seite 42-43

Facil, The Mandala Hotel, Potsdamer Straße 3, 10785 Tiergarten, Tel. 590 05 12 34, www.facil.de. Seite 74-79

Fischers Fritz, im „The Regent Berlin", Charlottenstraße 49, 10117 Mitte, Tel. 20 33 63 63, www.fischersfritzberlin.com. Seite 68-73

Fräulein Wild, Mit Liebe und Sahne, Dresdener Straße 13, 10999 Kreuzberg, Tel. 53 15 57 59, www.fraeuleinwild.de. Seite 148-149

Frühsammers Restaurant, Flinsberger Platz 8, 14193 Wilmersdorf, Tel. 89 73 86 28, www.fruehsammers-restaurant.de. Seite 62-67

Goldneun, Karl-Liebknecht-Straße 9, 10178 Mitte, Tel. 25 79 38 95, www.goldneun.de. Seite 34-39

Hammers Weinkostbar, Körtestraße 20, 10967 Kreuzberg, Tel. 69 81 86 77, www.hammers-wein.de. Seite 170-171

Hartmanns, Fichtestraße 31, 10967 Kreuzberg, Tel. 61 20 10 03, www.hartmanns-restaurant.de. Seite 80-85

Kochbox, Schönhauser Allee 36, 10435 Prenzlauer Berg, www.kochbox.de. Seite 44-47

Kopps, Linienstraße 94, Ecke Ackerstraße, 10115 Mitte, Tel. 43 20 97 75, kontakt@kopps-berlin.de. Seite 122-125

Long March Canteen, Wrangelstraße 20, 10997 Kreuzberg, Tel. 0178-884 95 99, www.longmarchcanteen.com. Seite 118-121

Markus Herbicht, Inselstraße 8a, 10179 Mitte, Tel. 22 01 73 89, www.markusherbicht.de. Seite 22-27

Mother's Mother, Supper Club, Lausitzer Straße 13, 10999 Kreuzberg, www.mothersmother.com. Seite 134-137

Ø (das Ö), Mehringdamm 80, 10965 Kreuzberg, Tel. 77 32 62 13, www.oeberlin.de. Seite 16-21, 178-180

Pauly Saal, Ehemalige Jüdische Mädchenschule, Auguststraße 11-13, 10117 Mitte, Tel. 33 00 60 70, www.paulysaal.de. Seite 104-109, 168-169

Princess Cheesecake, Tucholskystraße 37, 10117 Mitte, Tel. 28 09 27 60, www.princess-cheesecake.de. Seite 150-151

Restaurant Tim Raue, Rudi-Dutschke-Straße 26, 10969 Kreuzberg, Tel. 25 93 79 30, www.tim-raue.com. Seite 98-103

Rutz, Chausseestraße 8, 10115 Mitte, Tel. 24 62 87 60, www.weinbar-rutz.de. Seite 92-97, 174-175

Sabine Hueck Catering & Kochkurse, Tel. 0170-540 88 80, www.sabinehueck.de. Seite 130-133

Schneeweiß, Simplonstraße 16, 10245 Friedrichshain, Tel. 29 04 97 04, www.schneeweiss-berlin.de. Seite 14-15

Sissi, Österreichisches Restaurant & Tortenmanufaktur, Motzstraße 34, 10777 Schöneberg, Tel. 21 01 81 01, www.sissi-berlin.de. Seite 152-153

Speisenclub Neukölln, www.speisenklub.posterous.com. Seite 54-57

The Village, Sophie-Charlotten-Straße 49, 14059 Charlottenburg, Tel. 70 22 15 27, www.thevillage-cafe.de. Seite 154-155

Vau, Jägerstraße 54, 10117 Mitte, Tel. 202 97 30, www.vau-berlin.de. Seite 86-91

Volt, Paul-Lincke-Ufer 21, 10999 Berlin, Tel. 610 74 033, www.restaurant-volt.de. Seite 22-27

Volta, im Pavillon, Brunnenstraße 73, 13355 Wedding, www.dasvolta.com. Seite 176-177

Wein & Glas Compagnie. Prinzregentenstraße 2, 10717 Berlin, Tel. 235 152 0, www.weinundglas-berlin.de. Seite 172-173

Yak Chef, Wolfgang Müller. Seite 28-33